O Que Tem na Geladeira?
Preparar receitas saudáveis é mais simples do que parece. Saiba como transformar a compra da feira em pratos saborosos todo santo dia. São mais de 200 opções para variar o cardápio com legumes e verduras. Inclui receitas com carnes e grãos.

Pitadas da Rita
Este livro foi pensado para quem gosta de cozinhar e servir os pratos com estilo. Do dia a dia à ocasião especial, do drinque à sobremesa, da louça à trilha sonora. Tem sugestão para tudo isso!

Cozinha Prática
Um curso de culinária em 13 capítulos, muito bem explicados e ilustrados, com dicas, técnicas e truques de economia doméstica, baseados no programa de TV criado e apresentado por Rita Lobo. Conhece alguém que ainda foge do fogão? #Desgourmetiza, bem!

Cozinha de Estar
É o guia do anfitrião que vai cozinhar para os convidados. Além de receitas, tem tudo o que você precisa saber para receber um grupo de amigos ou mesmo o pessoal do escritório.

Cozinha a quatro mãos

RITA LOBO

São Paulo, 2018

 Panelinha

NUPENS USP

Com consultoria nutricional do Núcleo de Pesquisas Epidemiológicas em Nutrição e Saúde, da Faculdade de Saúde Pública da Universidade de São Paulo

DADOS INTERNACIONAIS DE CATALOGAÇÃO NA PUBLICAÇÃO (CIP)
(JEANE PASSOS DE SOUZA - CRB 8ª/6189)

Lobo, Rita

Cozinha a quatro mãos / Rita Lobo. -- São Paulo : Editora Senac São Paulo; Editora Panelinha, 2018. (Coleção Já pra cozinha)

ISBN 978-85-396-2453-9 (impresso/2018)
e-ISBN 978-85-396-2454-6 (ePub/2018)
e-ISBN 978-85-396-2455-3 (PDF/2018)

1. Culinária 2. Culinária para iniciantes 3. Culinária para o dia a dia
4. Culinária com economia de tempo I. Título. II. Coleção

18-808s

CDD – 641.512
641.54
641.555
BISAC CKB101000

ÍNDICE PARA CATÁLOGO SISTEMÁTICO

1. Culinária para iniciantes 641.512
2. Culinária para o dia a dia 641.54
3. Culinária : Economia de tempo : Preparação de alimentos 641.555

Ao Ilan Kow

Sumário

6   APRESENTAÇÃO

8   **O GRANDE PLANO**
Um bom começo

12 COZINHAR JUNTO É MAIS LEGAL
14 D.R. SOBRE ALIMENTAÇÃO SAUDÁVEL
16 CLASSIFICAÇÃO DOS ALIMENTOS POR GRAU DE PROCESSAMENTO
18 POR QUE FUGIR DOS ULTRAPROCESSADOS
20 PLANO DE ATAQUE
22 VAMOS ÀS COMPRAS!
25 COMIDA BEM TEMPERADA É MAIS SAUDÁVEL
26 QUEM GUARDA TEM
28 ARSENAL BÁSICO DE COZINHA
32 MARMITA SAUDÁVEL

34   **JANTARES RÁPIDOS**
Um pra lá, dois pra cá... e tá na mesa!

37 COMER, FALAR, AMAR
38 CARDÁPIO 1: RISOTO A JATO + GRELHADO
40 UTENSÍLIO INDISPENSÁVEL: PANELA DE PRESSÃO
41 LISTA DE COMPRAS + PLANO DE ATAQUE
42 RISOTO DE QUEIJO NA PANELA DE PRESSÃO
45 PARA ACOMPANHAR: GRELHADOS PERFEITOS
46 CARDÁPIO 2: ENSOPADO + ACOMPANHAMENTOS DESCOMPLICADOS
48 LISTA DE COMPRAS + PLANO DE ATAQUE
49 ENSOPADO RÁPIDO DE FRANGO
51 PARA ACOMPANHAR: SIMPLES E EFICIENTES
52 CARDÁPIO 3: OMELETE RECHEADO + ASSADOS PRÁTICOS
54 UTENSÍLIO INDISPENSÁVEL: FRIGIDEIRA ANTIADERENTE
55 LISTA DE COMPRAS + PLANO DE ATAQUE
56 OMELETE DE ESPINAFRE COM SALADA DE VERDES
59 PARA ACOMPANHAR: ASSADOS PRÁTICOS
60 CARDÁPIO 4: MACARRÃO, ESSE CAMALEÃO
63 LISTA DE COMPRAS + PLANO DE ATAQUE
64 PENNE COM MOLHO RÁPIDO DE TOMATE
66 MAIS 3 VARIAÇÕES PARA INCREMENTAR A MASSA
68 SOBREMESAS RÁPIDAS: FRUTAS QUENTES

70   **PÊ-EFE PARA O ALMOÇO**
O prato (per)feito

73 FEIJÃO COM ARROZ, UM CASO DE AMOR
74 ALIMENTAÇÃO BALANCEADA E DEMOCRÁTICA
76 CONHEÇA OS GRUPOS ALIMENTARES

78	**ARROZ SEM ERRO**
80	ARROZ BRANCO SOLTINHO
82	**FEIJÃO ONTEM, HOJE, SEMPRE!**
84	FEIJÃO CASEIRO
86	**PÊ-EFE: CARNE**
88	UTENSÍLIO INDISPENSÁVEL: ASSADEIRA GRANDE E ANTIADERENTE
89	LISTA DE COMPRAS + PLANO DE ATAQUE
91	CARNE MOÍDA COM MANDIOCA ASSADA
94	**PÊ-EFE: PEIXE**
96	LISTA DE COMPRAS + PLANO DE ATAQUE
97	ROSETA DE PEIXE COM FAROFA DE QUIABO
100	**PÊ-EFE: PORCO**
102	LISTA DE COMPRAS + PLANO DE ATAQUE
103	ESCALOPINHO DE LOMBO COM BACON E SÁLVIA E COUVE-FLOR GRELHADA
106	**PÊ-EFE: FRANGO**
106	UTENSÍLIO INDISPENSÁVEL: ASSADEIRA FUNDA (OU REFRATÁRIO DE VIDRO)
108	LISTA DE COMPRAS + PLANO DE ATAQUE
109	COXA E SOBRECOXA ASSADAS COM LARANJA
112	**SOBREMESAS RÁPIDAS: FRESCURINHAS PARA FRUTAS FRESCAS**

··

114 PARA RECEBER EM CASA
Petiscos, drinques e outras gostosuras

··

117	**O CHECKLIST**
120	**PAUSA PARA O CAFÉ!**
120	LISTA DE COMPRAS + PLANO DE ATAQUE
123	BOLO DE IOGURTE COM CREME BATIDO
126	BISCOITINHO DE PARMESÃO
128	PARA ACOMPANHAR: CAFÉS E CHÁS
130	**O MELHOR _HAPPY HOUR_ DA CIDADE**
130	LISTA DE COMPRAS + PLANO DE ATAQUE
134	PONCHE REFRESCANTE COM ABACAXI
135	GIM FIZZ COM HORTELÃ
136	TORRADAS E CASTANHAS PERFUMADAS
138	QUEIJINHO DE IOGURTE
140	CARNE LOUCA DESFIADA
142	**HORA DO _BRUNCH_!**
142	LISTA DE COMPRAS + PLANO DE ATAQUE
145	PITADAS PARA INCREMENTAR O CARDÁPIO
146	GELEIA DE MARACUJÁ COM PIMENTA
148	SALADA GREGA
150	RABANADA SALGADA
152	**SOBREMESAS CLÁSSICAS: HITS PARA TODOS OS TEMPOS**
154	PUDIM DE LEITE
156	BROWNIE DE CHOCOLATE E CAFÉ
158	COCADA DE FORNO

··

160	ÍNDICES
166	SOBRE A AUTORA E O PANELINHA
167	CONSULTORIA NUTRICIONAL

APRESENTAÇÃO

Quando comentei com amigos que estava trabalhando num projeto chamado "Cozinha a quatro mãos", todos se animaram com a ideia de um livro só de *jantares românticos*... Opa! Nada contra o namoro à luz de velas. Pelo contrário! Meu marido e eu somos os maiores beijoqueiros entre uma pitada de sal na panela e uma espiada no forno para ver se os legumes estão dourados. Mas a proposta aqui é bem mais ampla.

As próximas páginas estão cheias de receitas, informações e dicas para deixar a vida a dois mais saborosa, prática e saudável. Tem preparações ligeiras que resolvem o jantar da semana, o planejamento completo para garantir uma alimentação balanceada todos os dias (viva o arroz com feijão!) e ainda várias ideias para receber os convidados com capricho e sem estresse. Você encontra tudo isso nos capítulos a seguir. Mas o propósito do projeto — que é livro, tem página no site Panelinha e série no meu canal no YouTube — vai além. A ideia aqui não é estimular uma pessoa a simplesmente "ajudar" a outra na cozinha: este livro ensina como pôr em prática uma divisão de tarefas, para que a alimentação da casa não seja responsabilidade de só um dos dois. É mais justo. E vai ser transformador para todos.

Eu mesma só aprendi a cozinhar com vinte anos. Achei que seria importante para a vida adulta e decidi fazer um curso de culinária. Foi tão transformador na minha vida que passei a convencer os meus amigos a ganhar intimidade com as panelas. Depois de mais de vinte anos, é o que continuo fazendo, só que com uma plataforma um pouco maior.

Antes de entrarmos juntos nas páginas dedicadas à grande aventura da cozinha a quatro mãos, vou fazer uma rápida volta no tempo para explicar melhor o livro. Cozinhar no dia a dia sempre foi visto como algo desimportante, obrigação da mãe, da mulher — e quem podia pagar deixava o preparo das refeições a cargo dos empregados. Aos poucos, foi ficando a cargo de ninguém: as mulheres começaram a entrar no mercado de trabalho, os homens não assumiram a cozinha e, de cinquenta anos para cá, mesmo que a gente não se dê conta, quem manda ali é a indústria de alimentos. A mesa de um grande número de casas, que era parte relevante da vida em família, vem sendo substituída por jantares na frente da televisão, ao lado do computador, sem prestar atenção no prato, muitas vezes com comida comprada pronta, feita e temperada na fábrica. Há décadas, os fabricantes de produtos ultraprocessados martelam na cabeça das pessoas que ninguém precisa preparar as refeições. Que fazer almoço e jantar em casa é uma perda de tempo. Muita gente acreditou que daria certo viver sem cozinhar e adotou uma dieta à base de sopa de saquinho e macarrão instantâneo. Não deu. O resultado foi desastroso.

Está comprovado: com o aumento do consumo de produtos ultraprocessados, subiram também os índices de obesidade e doenças associadas à má alimentação, como diabetes e problemas cardiovasculares. No Brasil, segundo pesquisa do Ministério da Saúde, a taxa de obesidade cresceu 60% só entre 2006 e 2016. Hoje, um a cada cinco brasileiros está obeso.

É quase impossível manter uma alimentação saudável sem cozinhar! E qual a solução? As mulheres largarem os empregos e assumirem o fogão em tempo integral de novo? Nem pensar! Tem um jeito mais racional e eficiente de resolver o impasse: a divisão de tarefas na cozinha. (Estatisticamente, no Brasil, a comida ainda é responsabilidade das mulheres.) E aí chegamos ao ponto-chave: você vai aprender a fazer um bom plano de ataque.

O que é o plano de ataque? É um guia com instruções detalhadas para a execução a quatro mãos de todos os cardápios do livro. Ele indica o que cada pessoa deve fazer, e quando, para que a refeição fique pronta no menor tempo possível e as tarefas não fiquem pesadas para ninguém. Você ainda vai encontrar dicas para elaborar a lista de compras, orientações para armazenar os alimentos e truques para, numa única entrada na cozinha, sair com várias refeições prontas — até a marmita!

Além do trabalho da equipe de cozinha do Panelinha, este livro conta com a consultoria nutricional do NUPENS (Núcleo de Pesquisas Epidemiológicas em Nutrição e Saúde), da Universidade de São Paulo, sob a liderança do professor Carlos Augusto Monteiro. Você não poderia estar em mãos melhores: o professor Monteiro foi o coordenador do revolucionário *Guia Alimentar para a População Brasileira*, documento publicado pelo Ministério da Saúde que ganhou repercussão internacional. (Conheça a equipe do NUPENS na página 167.)

Aprender a cozinhar leva um tempinho, mas todo mundo consegue. Acredite, cozinhar não é dom nem arte, é aprendizado. Está ligado à nossa essência. Por isso, a cozinha deveria ser lugar de todos da casa — e cozinhar é tão divertido, que ainda acaba virando um bom programa a dois.

O GRANDE PLANO

Um bom começo

Casa nova, vida nova ou tudo novo? Em todos os casos, o momento é perfeito para dar início também a uma nova relação com a cozinha — e combinar desde já que a alimentação é um assunto do casal, para não deixar ninguém sobrecarregado. Com dicas de planejamento para um dia a dia mais prático e uma boa divisão de tarefas, comer bem e de forma saudável logo vai virar a parte mais gostosa da rotina.

O início da vida a dois é cheio de delícias. Tem muita novidade na casa, assunto que não acaba mais, e sobra empolgação para receber os amigos, juntar a família e compartilhar tudo isso. E há também aqueles momentos de curtir noites tranquilas de grude, longe da balada, com direito a um jantarzinho romântico no meio da semana.

Mas tem também o dia a dia, os dois chegando em casa sem nenhuma energia, as dificuldades do primeiro ano de casamento, as adaptações, hábitos diferentes etc. São muitos altos e baixos. Mesmo que a casa já esteja pronta e decorada, o lar ainda está em construção.

Casamento exige empenho de ambas as partes. O primeiro ano é de adaptação e aprendizado intenso — inclusive sobre você mesmo. Pois está aí uma hora perfeita para estabelecer uma relação saudável com a alimentação. É possível que nenhum dos dois tenha intimidade com o fogão, e a tentação do macarrão instantâneo e da lasanha congelada vai bater na porta da sua cozinha. Ou a de pedir delivery dia sim e outro também. Mas, entre tantas novidades que o casal vai ter de assimilar, o hábito de cozinhar (especialmente a quatro mãos) é dos mais vantajosos: torna a vida a dois mais saudável, gostosa e certamente mais econômica. Quer mais um motivo para investir na alimentação nesse momento da vida? O ganho de peso após o casamento. Não é a tal da felicidade que engorda, não. É a combinação de maus hábitos alimentares e sedentarismo.

Num primeiro momento, incorporar na rotina o preparo das refeições talvez pareça um tanto intimidador. Mas aqui você vai encontrar soluções para os principais obstáculos que podem afastar o casal da cozinha. Nas próximas páginas, tem tudo o que você precisa saber para deixar a vida mais prática, da lista de compras às dicas de armazenamento, planejamento de cardápio, ingredientes curingas e utensílios que agilizam os preparos. Vai sobrar tempo até para montar marmitas deliciosas, a fim de garantir refeições saudáveis e econômicas também fora de casa.

Planejamento vai ser essencial para todo esse sonho virar realidade. Mas há ainda outra medida fundamental para o sucesso da empreitada: divisão de tarefas. Não me canso de repetir que alimentação não é assunto de dona de casa, mas da casa. Num livro pensado especialmente para casais, essa questão ganha ainda mais importância. Passar a compartilhar o mesmo teto dividindo também os cuidados com a alimentação é um ótimo começo.

Com esta combinação matadora — planejamento mais divisão de tarefas —, logo o casal vai estar tão à vontade na cozinha que é bem provável que queira exibir os novos dotes para os convidados. E você tem não apenas o meu apoio moral como inspirações para valorizar a apresentação das receitas nesses encontros. Afinal, comer na companhia de outras pessoas traz benefícios que vão além da diversão. Não é à toa que a comida parece até mais gostosa. Numa refeição feita num ambiente agradável, junto de outras pessoas, você come com mais calma, sente melhor os sabores. Há até um termo próprio para esse convívio à mesa: comensalidade. Já conhecia? É um assunto que vai aparecer bastante neste livro e, espero, na sua vida.

COZINHAR JUNTO
É MAIS LEGAL

A divisão de tarefas numa casa deveria ser a coisa mais natural do mundo, certo? Mas não é bem isso o que a gente costuma ver por aí. Ainda tem muito casal que não consegue entrar num acordo, e um dos lados fica sobrecarregado.

O problema de concentrar toda a responsabilidade da alimentação do casal em uma única pessoa não é só o inevitável mau humor que isso vai provocar uma hora. Acontece que a canseira com o excesso de funções é uma estrada aberta para os ultraprocessados irem parar na despensa da sua casa. Não é de hoje que a indústria se apoia no argumento da falta de tempo para vender imitação de comida que não exige mais do que abrir a embalagem, colocar água quente ou deixar uns minutos no micro-ondas.

Aqui neste livro você vai ver que é possível simplificar o dia a dia na cozinha sem abrir mão de saúde e sabor. Há vários atalhos e recursos para isso. Ainda assim, o trabalho é considerável. Tem a ida ao mercado, todas as etapas da receita, a mesa para pôr e tirar, a louça para lavar. E mais o esforço intelectual de planejamento, lista de compras, definição de cardápio. Para uma pessoa só, é de assustar. Mas os benefícios de preparar e saborear comida de verdade, juntos, são imensos, e vão além da saúde. A estreia no mundo dos casados é um ótimo momento para a dupla perceber a importância da alimentação e colocar o assunto entre as prioridades da nova rotina.

Casamento é uma construção, e uma rotina alimentar saudável também é. Se você parar para pensar, vai ver que os desafios que um casal encontra na cozinha resumem bem todas as questões que precisam ser administradas na vida em comum. São pessoas que têm hábitos alimentares diferentes e vão passar a compartilhar a mesma refeição.

Para quem vem de uma cultura de prazer pela alimentação fica difícil entender quem come só para matar a fome — e quem está acostumado a comer em dez minutos pode não ver o menor sentido em gastar uma hora no preparo do jantar. Às vezes, o embate surge por uma questão de tempero e preferências. Vai ter a hora de ceder e o momento de insistir no que você acredita. Dividir o trabalho na cozinha também é aceitar que a outra pessoa tem um jeito diferente do seu de fazer as coisas, ou outro ritmo. Mas se há um objetivo em comum, vai dar tudo certo, e o jantar vai sair!

Essa parceria vale até para aprender a conversar sobre assuntos delicados sem ferir sentimentos. Cozinhar, diz o jargão, é um ato de amor, e por causa disso muita gente passa a vida sem ousar revelar que não gosta de orégano no molho de tomate. Não precisa ser assim. Vocês podem descobrir novas habilidades, ensinar e aprender, construir uma memória gastronômica em comum. E essa troca vai ser muito enriquecedora — para o relacionamento e para o cardápio. Sem falar que o lema deste livro é: "Casal que cozinha ao mesmo tempo cozinha em menos tempo".

A estreia no mundo dos casados é um ótimo momento para a dupla perceber a importância da alimentação

Agora, pode acontecer também de um dos parceiros simplesmente não gostar de forno, fogão, nada disso. Há quem prefira setorizar os cômodos e as tarefas da casa: um fica com a lavanderia, outro com a cozinha, e assim por diante. Se funciona bem assim e ninguém se sente injustiçado, maravilha. Mas se você topar embarcar nesta proposta de preparar as refeições a dois, tenho um plano redondinho para o casal formar uma dupla imbatível na cozinha — e descobrir por que preparar as refeições a quatro mãos é mais legal.

D.R. SOBRE
ALIMENTAÇÃO SAUDÁVEL

Vamos "discutir a relação", só que com a comida. Quando você pensa em alimentação saudável, o que vem à cabeça? Se a resposta for "cortar o glúten", "escolher produtos *light*" ou "comer frango com salada todos os dias", precisamos conversar mais sobre o assunto. Alimentação saudável tem a ver com variação, não com restrição — e passa pela cozinha de casa, não pela escolha de uma pizzaria nova a cada noite.

Já que estamos numa "D.R.", devemos trazer tudo à tona. "Eu nunca vou aprender a cozinhar", você pensa. Para quem não sabe cozinhar, pode mesmo parecer assustador abrir mão da comida pronta. Afinal, somos bombardeados com publicidade dizendo para não cozinhar ("basta aquecer no micro-ondas"), não temperar ("é só dar um toque de amor"), não fazer nada ("já vem pronto"). Quem baseia a alimentação nesses produtos pode achar que comer comida de verdade é impossível. Vai por mim: não é.

Se o casal decidiu cozinhar as próprias refeições, já deu o passo mais importante para ter uma alimentação balanceada. Na prática, comida caseira é sinônimo de alimentação saudável. Por isso, cozinhar é uma ferramenta ao mesmo tempo poderosa e econômica. E libertadora, porque dá muita autonomia.

A etapa seguinte é aprender a diferenciar comida de verdade de imitação de comida. Olha que notícia boa: o *Guia Alimentar para a População Brasileira*, um documento do Ministério da Saúde elogiado no mundo todo, mostra justamente como fazer isso usando uma nova classificação dos alimentos, por grau e propósito de processamento. Pausa para a explicação: 1) *in natura* ou minimamente processados; 2) ingredientes culinários; 3) processados; e 4) ultraprocessados. Assim que mudar de página, você vai entender melhor essa divisão — e isso vai revolucionar a sua maneira de olhar para a comida.

Quando conheci a classificação, no lançamento do *Guia*, fiquei maravilhada. Finalmente a alimentação saudável estava decodificada de uma maneira que fazia sentido! Fica mais simples compor refeições equilibradas. Em vez de ir atrás da dieta da moda, é só ver o que já dá certo há muito tempo. No Brasil, temos um padrão alimentar tradicional, simbolizado pelo arroz com feijão — não há referência mais indicada para o dia a dia do que o arroz com feijão. A nossa dieta brasileira não é apenas nutricionalmente balanceada, mas também acessível, saborosa e tem a ver com a nossa história. Uma dieta perfeita. Ou, para não fugir do tema do livro, um casamento perfeito. Pense no pê-efe, o prato feito, esse ícone nacional que reúne a incrível dupla, mais legumes ou verduras e uma carne. Inclua a ida à feira na rotina da semana, veja que alimentos estão na época, varie os sabores e cores no prato e sua alimentação vai ser naturalmente saudável (sem decorar nutrientes nem abandonar o pão, muito menos procurar produtos com a palavra "light" no rótulo).

O mais difícil é escapar das armadilhas no caminho para as compras. Os produtos ultraprocessados estão em toda parte: não só nos supermercados, mas também em bancas de jornal, quiosques do metrô e até farmácias! Geralmente vêm em embalagens que permitem o consumo em qualquer lugar — sem mesa, sem talheres e sem pensar muito também. Ponha na conta porções de tamanho exagerado e ingredientes "viciantes" e o estrago está feito. (Estamos numa "D.R. da cozinha", lembra? Momento certo de pôr tudo para fora — especialmente os ultraprocessados.)

O ritual da refeição também é importante. Isso inclui compartilhar o momento com outras pessoas, porque a mesa é lugar para alimentar as relações. E quando você come conscientemente, prestando atenção na comida e nos outros, e não de olho no celular ou na televisão, você ajuda o organismo a identificar a quantidade de alimentos de que realmente precisa. (Leia mais na página 37.)

A alimentação não é um problema a ser resolvido: tem de ser algo gostoso desde o preparo. O começo da vida a dois é uma ótima oportunidade para dar ao assunto a importância que ele merece e fazer da divisão equânime de tarefas na cozinha algo natural e rotineiro: ninguém fica sobrecarregado, todo mundo come bem e vocês ainda economizam. Cozinhar em casa é mais barato do que comer em restaurantes ou basear a alimentação em comida pronta ultraprocessada. Coração, mente, estômago — e o bolso — agradecem.

CLASSIFICAÇÃO DOS ALIMENTOS
POR GRAU DE PROCESSAMENTO

Em 2014, o Guia Alimentar para a População Brasileira, *documento oficial do Ministério da Saúde, adotou a classificação dos alimentos de acordo com o grau de processamento. Desde então, o Guia tem sido fonte de inspiração para vários países, sobretudo porque o consumo de ultraprocessados está diretamente relacionado ao aumento da obesidade das populações.*

O QUE SÃO

ALIMENTOS *IN NATURA* OU MINIMAMENTE PROCESSADOS
devem ser a base da nossa alimentação.

Alimentos vendidos como foram obtidos, diretamente de plantas ou de animais, ou que passaram por pequenas intervenções, mas que não receberam nenhum outro ingrediente durante o processo (nada de sal, açúcar, óleos, gorduras ou aditivos). Incluem-se no grupo grãos secos, polidos e empacotados ou moídos na forma de farinhas; raízes e tubérculos lavados; cortes de carne resfriados ou congelados e leite pasteurizado.

INGREDIENTES CULINÁRIOS
usados para cozinhar.

São aqueles usados na cozinha para preparar os alimentos *in natura* ou minimamente processados. Não são consumidos isoladamente, mas entram nas receitas para temperar, refogar, fritar e cozinhar.

ALIMENTOS PROCESSADOS
podem fazer parte de refeições baseadas em alimentos *in natura* e minimamente processados.

São os alimentos que passaram por processos semelhantes às técnicas culinárias caseiras, que receberam adição de sal, açúcar, óleo ou vinagre e que foram cozidos, secos, fermentados ou preservados por métodos como salga, salmoura, cura e defumação, ou acondicionamento em latas ou vidros.

ALIMENTOS ULTRAPROCESSADOS
evite ao máximo.

São formulações feitas nas fábricas a partir de diversas etapas de processamento e que combinam muitos ingredientes, inclusive compostos industriais, como proteína de leite, extrato de carnes, gordura vegetal hidrogenada, xarope de frutose, espessantes, emulsificantes, corantes, aromatizantes, realçadores de sabor e vários outros aditivos, como substâncias sintetizadas em laboratório a partir de carvão e petróleo. Costumam conter muito açúcar, sal e gordura. Devido a essa formulação, são viciantes, por isso tendem a ser consumidos em excesso — e a excluir a comida de verdade.

A classificação dos alimentos por grau de processamento é a chave para entender o que é uma alimentação saudável de verdade

EXEMPLOS

Frutas, legumes e verduras (mesmo os congelados, desde que sem nenhum tipo de aditivo), raízes, ovos, carnes de boi, de porco, de aves e de peixes, leite, iogurte natural sem açúcar nem adoçante (nem outros aditivos químicos), arroz, feijão e outras leguminosas (como lentilha e grão-de-bico), ervas frescas e secas, especiarias, farinhas (de milho, de trigo, de mandioca), frutas secas, cogumelos e castanhas.

Sal, açúcar, óleos (de soja, de milho, de girassol etc.), azeite, banha de porco, gordura de coco, manteiga e vinagre.

Pães feitos com farinha, levedura, água e sal (aqueles vendidos a granel em padarias e supermercados), massas frescas ou secas, queijos, carnes-secas, bacalhau, conservas (vidros de palmito e beterraba, por exemplo), ervilha e milho em lata, atum e sardinha em lata, extratos e concentrados de tomate e frutas em calda ou cristalizadas.

Pratos prontos congelados que vão direto para o forno ou para o micro-ondas (lasanha, pizza etc.), carnes temperadas e empanadas, macarrão instantâneo, molho de tomate pronto, refrigerantes, sucos adoçados (inclusive em pó), mistura para bolo, achocolatado, sopa em pó, caldo industrializado (em cubo, em pó ou no potinho), molho pronto para salada, biscoito recheado, sorvetes, balas e guloseimas em geral, salgadinhos de pacote, barrinha de cereal industrializada, cereais matinais açucarados, bebidas lácteas e iogurtes adoçados e aromatizados, salsichas e pães de fôrma.

POR QUE FUGIR DOS ULTRAPROCESSADOS

Você acabou de conhecer a classificação de alimentos por grau e propósito de processamento. (Se não viu a tabela das páginas 16-17, volte lá e leia com atenção. Vale a pena. Pode levar o tempo que quiser. Eu fico aqui esperando, tomando o cafezinho da página 128 com o biscoitinho da página 126, e logo continuamos o nosso papo.) Não é incrível descobrir que dá para comer de tudo, desde que seja comida de verdade? Essa sensação de liberdade é só um dos motivos para riscar os produtos ultraprocessados da sua lista de compras. As explicações são ainda mais profundas.

IMITAÇÃO DE COMIDA: Ultraprocessados afastam as pessoas da cozinha e induzem a uma alimentação desbalanceada, com muitos aditivos químicos. São imitações de comida caseira, geralmente produzidas a partir de matéria-prima de baixa qualidade, muitas vezes subprodutos de outras preparações industriais, como é o caso da salsicha e de bebidas lácteas "saborizadas". No "ultraprocessamento", os alimentos podem perder características sensoriais — como cor, sabor, aroma, textura. Para se tornarem produtos atraentes, recebem substâncias químicas, como corantes, aromatizantes e espessantes, que reproduzem artificialmente as características originais dos alimentos naturais. Além desses aditivos com função cosmética, usados para enganar nosso olfato, paladar e até visão, os ultraprocessados costumam receber mais um tanto de conservantes e substâncias

sintetizadas em laboratório para que durem nas prateleiras dos supermercados por uma eternidade. Com tudo isso, claro, o equilíbrio nutricional vai para o beleléu. Além disso, nessas preparações industriais, vai muito mais sal, açúcar e gordura do que colocamos nas preparações caseiras. Você acaba nem percebendo, por exemplo, a quantidade de açúcar que desce goela abaixo ao tomar refrigerantes ou outras bebidas adoçadas.

HIPERSABOR: Esse exagero de açúcar, sal, gordura e outros aditivos químicos transforma os ultraprocessados em produtos hiperpalatáveis, que acostumam mal o paladar e induzem até a uma relação de dependência. Sabe aquela história do salgadinho que é impossível parar de comer? Ultraprocessados são mesmo viciantes, "enganam" os mecanismos de saciedade do sistema digestivo e do cérebro, que acabam subestimando as calorias existentes nos produtos.

PERDA DE TEMPO: Os ultraprocessados corrompem as normas, porque querem que você se convença de que cozinhar é perda de tempo. Eles costumam ser pensados para que você coma na frente do computador e da televisão, no meio da rua, no carro, no transporte público, caminhando. E você passa a achar que um prato de arroz, feijão e bife não é um bom almoço, porque, afinal, não dá para comer dirigindo! Num contexto de alimentação saudável de verdade, fica claro que o ideal é comer à mesa, e não em qualquer lugar, durante as refeições, e não entre elas.

LEIA O RÓTULO: E quando o caldo pronto tem teor de sódio reduzido, o biscoito recheado tem menos gordura e a barrinha de cereal é *light*? Na embalagem, podem até parecer saudáveis, mas nunca um alimento ultraprocessado será mais saudável do que um feito em casa. Para eliminar ou diminuir a quantidade de um ingrediente, é preciso compensar com outro — por exemplo, há menos gordura, porém mais açúcar. Atenção: leia a lista de ingredientes do rótulo, e não a propaganda que fica na frente da embalagem. Se a lista é longa e contém, por exemplo, emulsificante, fosfato sódico, xarope de frutose, realçadores de sabor e outros nomes estranhos, significa que não é uma opção saudável. Mesmo que na embalagem esteja escrito que é "orgânico", "com tempero da vovó". E cuidado com os truques: é possível escrever, no lugar de aromatizantes, "aromas naturais". (Pense o seguinte: se o produto usasse cebola, alho ou manjericão de verdade, era só listar esses alimentos entre os ingredientes. Quando o que se usa é uma molécula extraída em laboratório, na lista pode aparecer a expressão "aroma idêntico ao natural". Isso confunde porque, quando a gente lê "natural", associa a uma coisa saudável. Mas, se contém algo que só imita o alimento, é ultraprocessado.)

Um ponto importante: quando a pessoa come um ultraprocessado sabor morango, por exemplo, o cérebro avisa que o corpo vai receber os nutrientes da fruta. No entanto, naquele produto não tem morango! Apenas a cor, o cheiro e o sabor, criados em laboratório. (Ei, cadê os nutrientes?)

DOENÇAS: Pesquisas no mundo todo têm revelado que uma dieta repleta de ultraprocessados favorece o aumento dos índices de obesidade e doenças decorrentes, como a diabetes, e até o maior risco de câncer. Isso já foi comprovado em estudos na Europa e nos Estados Unidos. Embora todos os aditivos presentes nessas fórmulas tenham que passar por testes e controle das autoridades sanitárias, a combinação deles e os efeitos a longo prazo não são totalmente conhecidos. Portanto, é mais sábio seguir um padrão alimentar tradicional, com segurança e benefícios comprovados há séculos. No campo da nutrição, o princípio da precaução é ingrediente que vale ouro.

Há ainda o impacto ambiental gerado por esses produtos (toneladas de embalagens, por exemplo) e o efeito negativo sobre a cultura gastronômica: eles acabam com o padrão alimentar local. Por isso tudo, faço coro com o *Guia Alimentar para a População Brasileira*: as refeições devem ser baseadas em alimentos *in natura* ou minimamente processados, podem conter alimentos processados e devem ser preparadas usando os ingredientes culinários. E os ultraprocessados? Fuja sem moderação.

PLANO DE ATAQUE

Planejamento na cozinha é um dos melhores investimentos que existem: você aplica uns minutinhos aqui e ganha uma porção de tempo lá na frente. Além de agilizar o dia a dia, um bom planejamento evita o desperdício de ingredientes e tem papel fundamental para garantir uma alimentação variada e equilibrada.

Cardápio semanal

Deixar para decidir todo dia o que fazer para o almoço ou jantar não costuma ser uma estratégia muito eficiente. Volta e meia, quando você tem uma ideia brilhante, descobre que falta o ingrediente-chave. E aí, já viu: é grande o risco de o jantar virar aquela comida congelada pronta, comprada antes de você começar a ler este livro. Um cardápio semanal resolve isso: liste todas as refeições, pense nas combinações e aposte na variedade (na escolha da carne, do tipo de feijão, dos legumes). Leva um tempinho, mas vale muito a pena.

Lista de compras

A partir do cardápio semanal, fica bem mais rápido listar o que você vai buscar na feira ou no mercado. Alguns itens precisam ser comprados toda semana, outros, a cada 15 dias ou em intervalos até maiores (veja na página 22). Para administrar isso, manter uma lista de compras no celular é altamente eficaz: você pode anotar a cada semana o que comprou a mais ou a menos e adequar as quantidades, e também garantir a variedade de ingredientes. A velha e boa lista pendurada na porta da geladeira continua eficiente, mas você pode fazer um sistema inverso: em vez de anotar o que falta, liste o que tem dentro da geladeira e do congelador e vá riscando à medida que for usando — e já anote na relação de itens a comprar. Lembre-se também de checar os produtos secos, como arroz, feijão, macarrão e farinha, e os ingredientes culinários, como sal, azeite e especiarias — eles duram bastante, mas uma hora acabam. Outra dica importante: na hora da compra, procure se ater ao que está na lista. Mas, no caso dos hortifrútis, o mais importante é olhar para os alimentos — se espinafre não estava na lista, mas está lindo e com preço bom, leve no lugar da alface, se ela estiver murchinha. Os ultraprocessados costumam ficar em locais estratégicos no supermercado, bem visíveis, prontos para pular no carrinho de compras. Não caia nessa. Com um cardápio semanal bem planejado e uma lista de compras sempre atualizada, não faz sentido levar aquele macarrão instantâneo "para emergências".

Resumindo:
- Invista tempo no planejamento: organize o cardápio semanal considerando quais refeições vão ser preparadas em casa, incluindo marmitas e lanchinhos.
- Verifique e anote o que precisa ser comprado: cheque a geladeira, o congelador, a despensa e os ingredientes culinários (sal, azeite, pimenta...).
- Na hora da compra, foque apenas nos itens escritos na lista para evitar cair em pegadinhas.
- No caso dos hortifrútis, tenha mais flexibilidade: olhe bem, para escolher os alimentos que estão bons.

Faça a mais e congele!

O feijão é o maior exemplo de como o congelador facilita a vida e ajuda a gente a manter uma alimentação saudável. Cozinhar a mais, porcionar e congelar evita desperdícios e agiliza o dia a dia na cozinha. E você pode congelar muitos itens para adiantar os preparos: legumes e hortaliças, arroz, molhos, ervas... Vou explorar bem o potencial desse aliado nas próximas páginas.

Aproveite as sobras

Não é só uma questão de economia de dinheiro e sustentabilidade: o aproveitamento de sobras também economiza tempo e rende novas preparações deliciosas. Não é que você vai ficar comendo a mesma coisa a semana inteira, não! Vou ensinar como dar outra cara para o franguinho que sobrou do almoço e outras transformações.

VAMOS ÀS COMPRAS!

Variedade, respeito à sazonalidade e muitos alimentos frescos: com esses itens na lista, o abastecimento da geladeira e da despensa vai ser um sucesso!

Na época certa

Em vez de desejar alcachofra em fevereiro e pêssego em julho, invista em alimentos que estão na época. Só tem vantagem: produtos à venda na época certa são mais baratos, mais saborosos e têm menos agrotóxicos (porque precisaram de menos produtos químicos durante o cultivo). Respeitar a sazonalidade também é uma maneira de não comer sempre o mesmo tipo de vegetal. E como saber o que está na época? Fazer compras na feira é um ótimo caminho — e quando você fica íntimo dos hortifrútis, também vai perceber logo pelo preço se aquele legume ou fruta está fora da época.

Fruta pra já e pra depois

A estratégia para não ficar com a fruteira desfalcada é escolher frutas maduras, para consumo imediato, e outras mais verdes, para comer ao longo da semana. Há também frutas com durabilidade maior, como laranja e maçã. Já morangos, por exemplo, são mais delicados — e não adianta comprar ainda verdes, porque eles não amadurecem depois de colhidos. Peça dicas para os feirantes.

Salada e legumes a semana toda

A lógica da durabilidade das frutas também vale aqui. Compre folhas mais delicadas, como alface, para comer nos primeiros dias, e deixe as mais resistentes, como repolho, escarola e acelga (que também ficam ótimas refogadas), para depois. Abobrinha estraga mais rápido, abóbora dura mais. Planeje o consumo e varie as escolhas.

Comida de verdade x imitação de comida

Os melhores alimentos são aqueles que nem precisam de rótulo, como legumes, frutas e carnes (compradas sem tempero), ou aqueles em que o rótulo está lá simplesmente para identificar o produto: arroz, feijão e leite, por exemplo. Mas, em todos os outros casos, como fazer a melhor escolha? Desconfie dos rótulos mais coloridos e chamativos e leia a lista de ingredientes: se tiver realçadores de sabor, corantes e outros aditivos, o produto é ultraprocessado e deve ficar fora da sua despensa. Sabendo isso, fica fácil deduzir que o iogurte natural vale mais a pena do que o potinho sabor morango, que o filé de frango congelado puro e simples é melhor do que aquele com "tempero caseiro", e que o pão a granel dá de dez na versão embalada com plástico.

Despensa básica

Os ingredientes culinários, como sal, açúcar e óleos, que usamos para cozinhar, não são vilões, não! Só que devem ser consumidos com moderação — pode apostar que é muito mais fácil controlar isso na comida caseira do que ao ingerir ultraprocessados, que abusam desses ingredientes. Atenção nas escolhas: manteiga é ingrediente culinário, margarina é ultraprocessada. Temperos prontos, como caldo em cubo ou em pó e sal misturado com glutamato monossódico, são ultraprocessados. Já ervas, sejam elas frescas ou secas (salsinha, cebolinha, alecrim, manjericão etc.), e especiarias (cominho, canela, cúrcuma, páprica, noz-moscada, pimenta-do-reino etc.), e também misturinhas, como curry e zátar, são comida de verdade. Pode usar à vontade! Lembre-se: leia o rótulo (e as dicas da página 25).

Bons atalhos para resolver o jantar

Não existe lista de compras ideal para todos — a melhor é a que mais combina com as preferências de cada família. Alguns ingredientes, porém, deixam a cozinha ainda mais prática e ajudam a resolver o jantar em dias de geladeira vazia. Os meus preferidos:

VEGETAIS CONGELADOS: Espinafre, milho, ervilha fresca têm um canto especial no freezer. O espinafre vira creme ou recheio de omelete, ervilha e milho incrementam a carne moída e recheios de torta ou vão refogados para a mesa. Outra vantagem: você usa só uma porção e devolve o restante para o congelador.

LENTILHA: Não fez o pré-preparo do feijão? Vá de lentilha: não fica de molho, cozinha rápido e vale para a salada, a sopa, o arroz...

OVO: Do café da manhã ao jantar, o ovo salva qualquer refeição. E ainda é ingrediente essencial numa infinidade de receitas, como bolos e quiches. Não dá para não ter.

TOMATE PELADO EM LATA: Dentro da lata tem tomate mesmo, e não aditivos químicos como no molho de tomate pronto (que é um ultraprocessado). Ele agiliza o preparo de molhos e cozidos.

CUSCUZ MARROQUINO: Não precisa ir ao fogo, é só hidratar com água fervente ou caldo de legumes feito em casa. Sozinho, é ótimo acompanhamento. Com legumes grelhados, uma bela salada. Acrescente pedaços de frango e está pronta a refeição a jato.

IOGURTE: Vai além da refeição matinal. Vira molho para a salada, queijinho temperado (página 138) e é usado em sobremesas, curries...

MACARRÃO: Com um molho esperto, vira um prato completo em questão de minutos.

MACARRÃO DE ARROZ (BIFUM): Como o cuscuz, este macarrão oriental é instantâneo: basta acrescentar água quente. Mas pode comer sem medo, é comida de verdade!

Alimentos processados que são ótimos aliados

Quando a correria aperta, alimentos processados também podem ajudar na cozinha. Não se esqueça de que eles entram como coadjuvantes dos ingredientes *in natura* ou minimamente processados, não como protagonistas do prato. Exemplos:

GRÃO-DE-BICO E FEIJÃO-BRANCO ENLATADOS: Em ensopados, saladas, pasta de aperitivo...

SARDINHA E ATUM EM LATA: Deixam a salada mais substanciosa e incrementam o molho de macarrão. Prefira os que levam apenas água e sal e descarte o líquido antes de usar.

COMIDA BEM TEMPERADA É MAIS SAUDÁVEL

Sal e pimenta-do-reino, cebola e alho. Uso muito esses ingredientes, e se falta algum deles na cozinha é pânico na certa. Mas a verdade é que há uma infinidade de outras opções para agregar sabor e aroma às receitas. E ninguém precisa apelar para tempero em sachê, tabletes e outras coisas do gênero. Ervas frescas, especiarias e legumes aromáticos (além de alho e cebola, pense também em salsão, cenoura, alho-poró e outros) dão um banho de eficiência e saúde na concorrência ultraprocessada. Quer mais alternativas? Caldo e raspinhas de limão, gengibre e um dedinho de pimenta são trunfos que podem transformar completamente uma preparação.

Além de deixar a refeição mais gostosa, quando você investe em temperos naturais, amplia o leque de nutrientes da sua alimentação. Mais ainda: reduz a necessidade de sal, que muitas vezes é usado em excesso justamente para compensar a falta de sabor da comida. Para ter esses aliados sempre à mão, anote algumas dicas:

• Vale a pena ter na cozinha vasos de ervas. Cuidando bem, a sua plantação vai garantir o abastecimento por um bom tempo. Mas antes de usar é importante saber que as ervas são divididas em dois grupos: o das que gostam de calor e o das que não gostam. Alecrim, tomilho, sálvia, louro e orégano podem ir para o forno e para a panela. Já cebolinha, coentro, endro, manjericão e hortelã são melhores na finalização das receitas. Como ervas são delicadas, para aumentar a durabilidade delas, vale a pena recorrer aos truques que ensino na página seguinte.

• As especiarias, tão coloridas e perfumadas, são uma arma contra comida sem graça. Com canela, cravo, cominho, noz-moscada e pimenta-do-reino, você dá mais vida ao prato. E ainda tem cardamomo, páprica, pimenta síria, semente de coentro... Elas duram muito, mas vão perdendo potência com o tempo, por isso o melhor é comprar em pequenas quantidades. Potes de vidro, guardados em local seco e arejado, são a melhor opção de armazenamento. Lembre-se de marcar o nome de cada especiaria, para não confundir cúrcuma com curry na hora da pressa. Quando pegar gosto pela coisa, você vai ter um monte de potinhos de especiarias — que, por sinal, dão o maior charme à cozinha.

Nas receitas deste livro, você encontra vários jeitos diferentes de usar ervas, especiarias e legumes aromáticos. Sinta os cheiros, experimente o ingrediente puro para aprender a identificar seu gosto e saber como fazer outras combinações. Com temperos diferentes, você pode variar os sabores do cardápio da maneira mais fácil possível — e conseguir sabores e aromas naturais de verdade. E fuja dos temperos prontos!

QUEM GUARDA TEM

Alimentos armazenados corretamente duram mais e agilizam as refeições. Viva o planejamento! Invista um tempo na hora de guardar e colha benefícios ao longo da semana!

LONGA VIDA ÀS FOLHAS

Em vez de lavar as folhas antes de cada refeição, faça isso de uma vez, assim que chegar das compras. Elas vão durar mais. Lave-as em água corrente e deixe de molho por 15 minutos numa tigela com água e bactericida (há várias marcas, leia as instruções). Retire as folhas com cuidado, em vez de escorrer (assim, eventuais sujeirinhas vão para o fundo da tigela), enxágue e seque bem na centrífuga, ou com papel-toalha, ou com um pano de prato limpo. Guarde as folhas num recipiente com tampa ou saco plástico estufado (não sopre dentro dele: segure as pontas, gire e amarre). No recipiente, se forem intercaladas com papel-toalha, elas aguentam até 7 dias na geladeira.

ERVAS FRESCAS

Logo depois da compra, lave, seque, envolva as folhas num papel-toalha úmido e coloque dentro de um saco plástico estufado. Aí, geladeira nelas. E para congelar? Sempre lave antes. Alecrim, tomilho e sálvia vão, já picados, para fôrmas de gelo, com azeite. Salsinha e cebolinha, para fôrmas de gelo com água ou para potes com tampa (para usá-las, raspe com um garfo). Folhas de manjericão e hortelã vão inteiras, em sacos plásticos bem fechados e sem ar.

CARNES CRUAS

Devem ser guardadas em potes com tampas, ou muito bem embaladas na prateleira mais alta da geladeira, e consumidas em até 3 dias (2 dias para carne moída ou peixe). Para prazos maiores, guarde no congelador, já porcionadas.

FRUTAS E LEGUMES

- Frutas verdes, na fruteira. Maduras, na geladeira. (Lavadas, duram menos.)

- Guarde legumes em sacos fechados na geladeira. Vegetais com ramas (rabanete, cenoura e beterraba) duram mais. Vale a pena ter uma cenoura ralada e congelada para a hora do aperto. Ela vai direto para o refogado.
- Comprou um maço gigante de salsão, usou dois talos e não sabe o que fazer com o resto? Lave, corte em cubos, congele e use em refogados futuros.

GELADEIRA ORGANIZADA

Na geladeira, as prateleiras mais altas são mais frias. Reserve a parte de cima para laticínios, carnes e peixes crus. No meio, acomode alimentos cozidos e ovos. Pratos com carne vermelha e frango aguentam até 3 dias na geladeira. Para preparações com peixe, o prazo cai para 1 dia. Não guarde os ovos na porta: com o abre e fecha, a temperatura oscila muito, e eles podem estragar. A parte de baixo deve ser reservada para alimentos mais sensíveis ao frio, como verduras, frutas e legumes.

CONGELE

Para o freezer ser um trunfo, e não lugar de alimentos esquecidos, fique atento aos prazos de validade. Comida caseira, em geral, dura cerca de 3 meses e deve ser guardada em potes bem fechados. Para molhos e porções pequenas de feijão, use sacos herméticos. Com a preparação bem espalhada, ficam finos e empilháveis, e é mais fácil descongelar. Os prazos abaixo são para o freezer. No congelador, o compartimento interno da geladeira, os prazos são menores. Consulte o manual do seu eletrodoméstico.

CARNE VERMELHA (CRUA OU PREPARADA): 3 meses.
PEIXE E FRUTOS DO MAR (CRUS OU PREPARADOS): 3 meses.
FRANGO (CRU OU PREPARADO): 3 meses.
VEGETAIS: 3 meses (branqueados) e 6 meses (crus).
FRUTAS: 6 meses.

DESPENSA

Potes de vidro com tampa são os indicados para a despensa. Limpos, secos e bem fechados, não oferecem risco de contaminação nem pegam cheiro. Já os de plástico costumam reter odores e oleosidade. Quando riscam, então, viram um prato cheio para a proliferação de bactérias.

ARSENAL BÁSICO DE COZINHA

Ter os utensílios certos à mão deixa a vida mais fácil. Para montar o enxoval básico de cozinha, pense que algumas peças vão durar muito tempo e outras você vai trocar com mais frequência. Panelas de inox, por exemplo, duram décadas: escolha as melhores que puder. Já as tábuas e frigideiras antiaderentes não vão durar para sempre, você não precisa se preocupar tanto. No mais, evite os plásticos e dê preferência a materiais como inox, vidro, madeira e bambu.

1 FACA DE CHEF: O item número 1 de qualquer cozinha. As melhores são as de aço inox, com lâmina forjada no cabo — o metal vai de ponta a ponta, sem emenda. Os tamanhos variam, a partir de 20 cm. Com as maiores, é mais fácil cortar ingredientes grandes, como repolho ou abóbora. Se for investir em uma só, escolha o tamanho mais confortável para você. **FACA DE PÃO:** serrilhada e comprida, com cerca de 25 cm, para cortar sem amassar ou rasgar os pães. **FACA DE LEGUMES:** com lâmina entre 7 e 10 cm, ideal para cortar e descascar legumes e frutas.

2 CHAIRA: Faca cega é mais perigosa do que faca afiada — você acaba fazendo muita força, e o risco de acidentes aumenta. Por isso, é essencial manter o fio da faca em dia. A chaira, que parece uma espada cilíndrica, é o acessório indicado para isso.

3 TÁBUAS: Podem ser de bambu, madeira e polietileno. Recomendações que valem para todas: precisam ser bem higienizadas e secas depois de usadas, para não virar foco de contaminação, e devem ser trocadas de tempos em tempos, porque vão ficando muito riscadas. Tenha pelo menos duas: uma para doces e outra para salgados. Assim, a manga não fica com gosto de cebola, e vice-versa.

4 PANELA GRANDE, MÉDIA OU PEQUENA: Aqui, vale a pena investir o quanto você puder para garantir um jogo de panelas de inox da melhor qualidade. Duram uma vida.

5 PANELA DE PRESSÃO: Reduz o tempo de cozimento dos alimentos para até um terço. Saiba tudo sobre essa belezinha na página 40.

6 FRIGIDEIRA ANTIADERENTE: Sem ela, não há meio de a omelete ficar bonita ou a batata rösti dar certo. Neste caso, compre um modelo bem acessível, porque não tem jeito: uma hora ela perde o revestimento antiaderente e precisa ser trocada.

7 COLHERES DE MADEIRA OU BAMBU E ESPÁTULAS DE SILICONE: Essenciais para misturar as preparações na panela. Reserve uma especialmente para doces e tenha um modelo com cabo mais longo, para mexer comidas que espirram (polenta, ui!).

8 ESCUMADEIRA: Para tirar as frituras do óleo quente e os alimentos cozidos da água.

9 ESPÁTULA: Serve para virar hambúrguer na chapa, legumes na assadeira...

10 PINÇA: Ideal para virar o frango ou o bife na frigideira — e pegar alimentos quentes.

11 CONCHA: Para sopas, caldos, molhos e o feijão nosso de cada dia.

12 MEDIDORES-PADRÃO: Essenciais para você acertar as minhas receitas — errou na proporção, mudou tudo. O jogo completo de colheres medidoras tem seis frações: ⅛ de colher (chá), ¼ de colher (chá), ½ colher (chá), 1 colher (chá), ½ colher (sopa) e 1 colher (sopa). Uma xícara-padrão comporta 240 ml, e ainda há medidores para frações: ½, ⅓ e ¼. Para líquidos, use uma jarra de vidro com marcação de até 2 xícaras.

XÍCARA (CHÁ)	COLHER (SOPA)	COLHER (CHÁ)
240 ML	**15 ML**	**5 ML**

13 TIGELAS: Fundamentais para misturar preparações, marinar carnes, organizar ingredientes. Prefira as que não pegam cheiro (vidro e inox) e não quebram (inox).

14 ASSADEIRAS: Uma grande e rasa, para assar legumes e biscoitos sem aperto; outra média e funda, para preparações com líquido.

15 FÔRMAS: Pelo menos uma com furo no meio, para bolo e pudim. As redondas com fundo falso são ótimas para assar tortas.

16 ROLO DE MASSA: Para abrir massas. Mais eficiente do que rolar a garrafa de vinho.

17 PENEIRA: Escorre legumes e macarrão, peneira a farinha e drena a berinjela, entre outras funções. Vale investir numa de inox — as de plástico duram pouco e pegam cheiro.

18 DESCASCADOR: Agiliza a tarefa de descascar legumes, faz lindas lascas de parmesão e ainda é útil para cortar fatias finas de legumes compridos, como abobrinha.

19 BATEDOR DE ARAME: Também conhecido como *fouet*, bate a clara em neve, o creme de leite e não deixa o molho branco empelotar.

20 MANDOLIM: Fatia fino um pepino inteiro e muitos outros legumes num piscar de olhos. Vale aqui um alerta: a lâmina afiada pede atenção dobrada para evitar acidentes.

21 PILÃO: Para amassar (alho), triturar e macerar (especiarias). Prefira de aço inox, que não pega cheiro, ou de pedra, mais rápido, por causa do atrito que provoca.

22 RALADOR: Pode ser simples ou com até seis faces. Os maiores são mais confortáveis: ficam em pé sozinhos e têm cabo para apoiar a mão. Como em tantos outros utensílios, prefira o de inox.

23 ABRIDOR DE LATA: Ideal para quem sempre tem uma lata de grão-de-bico ou outras conservas em casa. Deve estar sempre limpo e com o metal intacto. (Canhotos devem buscar um modelo adaptado.)

MARMITA SAUDÁVEL

Antes mesmo de entrar na cozinha, uma palavrinha sobre marmitas: com elas, você garante comida saudável mesmo fora de casa, dá um destino nobre às sobras e ainda economiza!

INCLUA A MARMITA NO CARDÁPIO SEMANAL

Calcule quantas marmitas você vai levar por semana — um ou outro dia, você pode preferir almoçar fora. Feito isso, escolha uma estratégia: fazer 1 ou 2 porções a mais nas refeições da casa, para poder congelar, ou reservar um dia da semana para preparar uma leva de marmitas. Assim, você sempre vai ter algo para carregar para o trabalho.

É BOIA FRIA!

Não tem como esquentar a marmita no trabalho? Invista em saladas substanciosas, com grãos, massa, carne desfiada, a sobra do frango, nozes. Faça um cardápio semanal e deixe os ingredientes no jeito na geladeira. De manhã, é só montar e levar.

COMO TRANSPORTAR

A comida deve chegar gelada ao trabalho e logo ser transferida para a geladeira. O ideal é manter a refeição armazenada a até 10 °C. Sem refrigeração, a marmita aguenta até 2 horas, depois disso, aumentam os riscos de contaminação. Não tem geladeira? Uma bolsa térmica, com gelo reutilizável, resolve o problema — mesmo com trânsito.

MOLHO E ACOMPANHAMENTOS À PARTE

Para evitar que o cuscuz sugue o líquido do ensopado antes do tempo ou que a salada fique molenga pelo contato prolongado com os temperos, leve acompanhamentos e molhos à parte. Não tem espaço? O truque: monte a salada num pote de vidro alto. Coloque o molho no fundo, depois os grãos, legumes ou macarrão e deixe as folhas cruas por cima. Na hora de comer, é só chacoalhar para temperar tudo!

BOTE NO POTE

Eu amo um pote de vidro. Eles são ótimos: não pegam cheiro nem gosto e são fáceis de lavar. Para transportar a marmita, não tem igual. Os modelos com fechamento hermético são os melhores, mas você também pode reciclar potes de azeitona, palmito e conservas. É só esterilizar antes de usar: coloque vidro e tampa de metal numa panela com água, deixe ferver por 15 minutos e transfira para uma bancada, sobre um pano de prato limpo, para secar. Potes de vidro são um pouco mais pesados e pedem mais cuidado no transporte, mas há outro bom motivo para você optar por eles: aquecer alimentos em recipientes de plástico pode provocar a liberação de substâncias com potencial cancerígeno, como o BPA. Alguns recipientes são livres desses compostos, mas, na dúvida, prefira sempre as opções de vidro ou louça na hora de esquentar a comida.

BONS DE MARMITA

ARROZ 7 GRÃOS: É bom quente ou frio. Rende saladas incríveis. E pode ser congelado.

BETERRABA E CENOURA RALADAS: Jeito ligeiro de acrescentar cor e sabor às mais diversas preparações. Você pode ralar no dia anterior e guardar embaladas em papel-toalha úmido, dentro de um recipiente bem fechado.

CROÛTON: Incrementa a sopa ou a salada. Feito em casa é mais saboroso: corte o pão velho em cubinhos e asse com azeite. Tempere também com tomilho, alecrim, zátar, páprica e outras ervas e especiarias.

CUSCUZ MARROQUINO: É só hidratar que ele vira uma boa base de salada, acompanhamento e até prato principal.

GRÃOS (LENTILHA, GRÃO-DE-BICO, FEIJÕES): Na salada, na sopa, na farofa, dão aquela força na marmita.

LEGUMES GRELHADOS: Berinjela, abóbora, vagem, aspargo, cebola, abobrinha, pimentão, jiló... Saborosos e saudáveis, acompanham qualquer prato e ficam ótimos com cuscuz marroquino.

MACARRÃO DE ARROZ: Cozinha num instante com água quente. Montado em camadas num pote, com frango desfiado e legumes, rende uma marmita tão prática que parece até mágica!

MOLHO PESTO: Preparação curinga, que pode ser mantida vários dias na geladeira. Combina com massa, peixe, frango, legumes...

VEGETAIS BRANQUEADOS E CONGELADOS: Coloque em água quente por alguns minutos, retire antes de estarem totalmente cozidos, mergulhe em água gelada, escorra e congele. Estão prontinhos para entrar no preparo da marmita.

JANTARES RÁPIDOS

Um pra lá, dois pra cá... e tá na mesa!

FALTA DE TEMPO E DE PRÁTICA NÃO SÃO OBSTÁCULOS PARA OS CARDÁPIOS DESTE CAPÍTULO. ELES FORAM PENSADOS PARA O CASAL COZINHAR A QUATRO MÃOS E GANHAR TEMPO NA COZINHA. MAIS DO QUE SUGESTÕES DE RECEITAS, SÃO ESTRUTURAS QUE SE TRANSFORMAM EM DEZENAS DE REFEIÇÕES, APENAS VARIANDO UM OU OUTRO INGREDIENTE. VAMOS RESOLVER O JANTAR DO DIA A DIA!

No meio da semana, é difícil ter tempo ou pique para preparar aquela receita caprichada, que fica horas na panela. Mas isso não quer dizer que você precisa esperar até domingo para ter direito a uma bela refeição. Com planejamento e divisão de tarefas, dá para resolver o jantar em tempo recorde — e sem monotonia de sabores.

Os cardápios deste capítulo são mais do que um conjunto de receitas: eles foram pensados para mostrar como o casal pode tornar o tempo na cozinha mais eficiente. Além disso, eles apresentam variações que só pedem a troca de um ou outro item para mudar completamente os sabores. Você vai encontrar também muitas dicas para deixar a vida mais prática: a panela de pressão, que economiza um bocado de tempo, e alimentos espertos, como tomate pelado em lata, são atalhos que você pode pegar sem medo. Mas o grande destaque é o "plano de ataque", elaborado para duas pessoas: enquanto um pica a cebola, o outro separa os ingredientes secos; enquanto um grelha a carne, o outro finaliza o risoto. Sem esquecer que uma das maravilhas de cozinhar a dois é que um já pode ir dando aquela geral na pia, enquanto o outro faz os últimos passos da receita — não sobra aquela pilha de louça suja no final. O preparo da refeição vira praticamente uma dança. Opa, se a cozinha vai virar pista, tem que ter som na caixa!

Para dar certo, no entanto, além da *playlist,* é preciso manter a despensa regularmente abastecida com os itens essenciais para o dia a dia (veja na página 23). Com o básico sempre garantido, você só vai precisar passar no mercado na saída do trabalho para comprar um ou outro produto mais específico. Ou, dependendo do cardápio, pode resolver tudinho com o que tem em casa. Em dupla, dá até para já deixar pronta a marmita para o dia seguinte. Casal agilizado é assim.

Acredite: ainda vão sobrar uns minutinhos para preparar a sobremesa. Frutas são uma ótima pedida, mas podem ficar ainda melhores: no fim do capítulo tem receitas que num instante transformam a maçã, a banana ou o abacaxi naquele docinho que faltava para encerrar a refeição. Som na caixa e mãos à obra.

COMER, FALAR, AMAR

Você já deve ter visto esta cena: na mesa do restaurante, o casal não conversa, mal se olha, cada um fica entretido com a telinha do seu celular. Chato, né? Comendo fora ou em casa, não caia nessa armadilha. Compartilhar uma refeição à mesa, prestando atenção na comida e em quem está com você, faz parte dos princípios de uma alimentação saudável. Não se trata apenas de boa educação: é um conselho com base científica.

Quando você come olhando para o celular ou para a TV (ou lendo livros, revistas — a lista de distrações é grande), acaba comendo mais do que deveria. Isso porque os mecanismos que regulam o apetite são complexos, demoram um tempo para sinalizar que já comemos o suficiente. Se você está almoçando/jantando no piloto automático, concentrado em outra coisa, não percebe que já está satisfeito e corre o risco de passar da conta.

Por outro lado, se você está de fato presente no momento da refeição, tende a comer apenas o necessário — e com mais prazer. Ao mastigar bem os alimentos, a gente sente melhor os sabores e já começa o processo de digestão do jeito certo: uma boa mastigação favorece a absorção dos nutrientes pelo organismo.

Muito bem, mas o que a interação com os outros à mesa tem a ver com saúde? Tem tudo a ver! Comer é mais do que botar alimentos para dentro do corpo. O ato de compartilhar a comida (e dividir o trabalho no preparo) faz parte da história da humanidade, aproxima as pessoas e aprofunda relações. Mais: uma refeição prazerosa é o melhor estímulo para querer cozinhar mais — que é o primeiro passo para uma alimentação saudável. E quando o casal faz junto as tarefas na cozinha e entende o que isso envolve, valoriza mais o que é servido. Fechou o círculo!

Por fim, só mais uma curiosidade: sabe de onde vem a palavra companheiro? Vem do latim: *cum panis*, ou seja, aquele com quem você compartilha o pão. Faz sentido, não? A gente não divide a mesa com qualquer um — nem deve comer qualquer coisa, de qualquer jeito, em qualquer lugar.

Risoto a jato + grelhado

Risoto de queijo na panela de pressão + grelhado (filé-mignon, peito de frango, salmão ou legumes)

Risoto e grelhado são uma dupla que sempre faz sucesso. E as variações são inúmeras. No risoto, além dos legumes aromáticos (cebola, cenoura e salsão), essenciais no preparo porque formam a base de sabor, ainda dá para incluir abóbora, abobrinha, cogumelo, tomate... A carne também muda com o gosto do freguês. Dependendo do ingrediente do risoto, nem precisa de grelhado — pense num risoto de funghi!

Para muita gente, porém, parece que falta uma salada. Tudo certo, verdes nunca são demais. Meu marido e eu, quando estamos sozinhos em casa, preparamos *crudités* e, enquanto cozinhamos, beliscamos cenoura, pepino e salsão cortados em palito, às vezes com molho de iogurte, mas quase sempre sem nada. E já abrimos o vinho, para aproveitar um pouco na preparação do risoto.

Risoto tradicional tem um roteiro básico: você faz um bom caldo caseiro e depois, aos poucos, incorpora o líquido ao arroz, mexendo sempre, sem arredar o pé do fogão. Para o fim de semana, ok. Mas, no dia a dia, vamos sair do roteiro: o caldo vai ser feito junto com o risoto — atenção — na panela de pressão. Os legumes, os temperos e a água simulam o caldo. Depois de tampar a panela de pressão, e com a válvula apitando, é só contar 3 minutos. Sem medo: a seguir, tem um guia básico para usar com segurança esse utensílio indispensável nas cozinhas brasileiras.

Mais um truque? Acrescente um filé de frango, que dá uma camada extra de sabor, e, desfiado, vai para a salada da marmita.

Utensílio indispensável

Medo de panela de pressão? Vamos já acabar com ele, porque esse utensílio é um aliado valioso: na pressão, os alimentos cozinham, geralmente, em até um terço do tempo que levariam na panela convencional. Para evitar acidentes, é só seguir alguns procedimentos:

- A panela de pressão tem dois dispositivos de segurança: a válvula de pressão, que tem furos e faz o chiado típico, e um pino embutido na tampa — se a válvula falhar, o pino sobe e libera a pressão. Cuide da panela, que o pino de emergência nunca vai precisar entrar em ação (saber que ele existe tranquiliza, né?).
- Os buraquinhos da válvula devem estar sempre completamente desobstruídos. Depois de cada uso, desenrosque-a e lave bem com água corrente. Se necessário, use uma agulha para limpar os orifícios.
- O anel de borracha que veda a tampa deve ser lavado separadamente. Se estiver ressecado ou quebradiço, troque.
- Limite máximo: dois terços da capacidade, porque o líquido e os ingredientes podem subir e entupir a válvula, o que aumenta o perigo de explosão. Ingredientes secos, como o feijão, incham ao cozinhar, portanto, não podem ocupar mais da metade da panela.
- Limite mínimo: varia com o modelo. Nunca cozinhe nada sem líquido e não deixe a panela no fogo com pouco líquido por muito tempo. Sem vapor e com muita pressão interna, ela pode virar uma bomba. Quando ouvir o chiado, abaixe o fogo para o líquido não secar.
- Nunca abra a panela antes de a pressão sair totalmente. Para saber, mexa na válvula: se chiar, espere mais um pouco. Você pode levar a panela para esfriar sob água corrente (mas a água não pode tocar na válvula, só na tampa).
- A versão elétrica da panela de pressão é uma boa alternativa. Como você pode programar o tempo de cozimento, não há perigo de esquecer a panela ligada e causar acidentes.

Lista de compras

NA DESPENSA	ESPECÍFICOS	OPCIONAL	ACOMPANHAMENTOS
. Azeite . Manteiga . Cebola . Sal . Cenoura . Salsão . Cravo-da-índia . Vinho . Louro	. Arroz para risoto . Queijo parmesão	. 1 filé de peito de frango . Grelhado da sua escolha (medalhão de filé-mignon ou *tranche* de salmão ou filé de frango)

Plano de ataque

Com o trabalho dividido, o risoto na panela de pressão fica pronto em 20 minutos. Enquanto um fica responsável pela tábua de corte (cebola, cenoura, salsão), o outro se encarrega de separar todos os ingredientes complementares e preparar o acompanhamento.

PESSOA 1	PESSOA 2
Assuma a tábua de corte: rale a cenoura e pique a cebola e o salsão (aproveite para cortar e congelar o salsão que sobrar, como a gente explica na página 27).	Rale o queijo e separe todos os ingredientes do risoto. Se for preparar um dos grelhados, já deixe fora da geladeira.
Tudo picado, é hora de refogar!	Aproveite para lavar os utensílios do preparo e deixar a cozinha no jeito.
Panela de pressão tampada, é hora de colocar a mesa. Mas atenção, porque aqui é jogo rápido: depois que começar a sair vapor pela válvula, diminua o fogo e conte 3 minutos!	A esta altura, as carnes já não estão tão geladas e podem ir para a frigideira.
Finalize o risoto com manteiga e parmesão.	Sirva os grelhados.

RECEITA

Risoto de queijo na panela de pressão

Com essa receita, você prepara o risoto e o caldo ao mesmo tempo e escapa da função de ficar mexendo o arroz sem parar, graças à panela de pressão. O rendimento é para 2 pessoas, mas você pode adaptar as quantidades no dia em que receber visitas (veja como calcular a porção de arroz para risoto na página 118). Ainda vai sobrar tempo para fazer uma sobremesa e impressionar os convidados (ninguém precisa saber que tudo foi tão ligeirinho...).

SERVE 2 PESSOAS | **PREPARO** 20 MINUTOS + 3 MINUTOS NA PRESSÃO

1 XÍCARA (CHÁ) DE ARROZ PARA RISOTO

1 CEBOLA

1 CENOURA PEQUENA

1 TALO DE SALSÃO

1 DENTE DE ALHO

¼ DE XÍCARA (CHÁ) DE VINHO BRANCO

500 ML DE ÁGUA

1 FOLHA DE LOURO

2 CRAVOS-DA-ÍNDIA

2 COLHERES (SOPA) DE AZEITE

½ XÍCARA (CHÁ) DE QUEIJO PARMESÃO RALADO FINO

1 COLHER (SOPA) DE MANTEIGA

SAL E PIMENTA-DO-REINO MOÍDA NA HORA A GOSTO

1 FILÉ DE PEITO DE FRANGO (OPCIONAL)

1. Descasque e corte a cebola ao meio. Numa das metades, prenda a folha de louro, espetando com os cravos, e pique fino a outra metade. Lave, descasque e passe a cenoura na parte fina do ralador. Lave o salsão, reserve uma folha e pique o talo em cubinhos. Descasque e pique fino o alho.

2. Leve a panela de pressão ao fogo médio. Quando aquecer, regue com 1 colher (sopa) de azeite, adicione a cebola, tempere com uma pitada de sal e refogue até murchar, sem parar de mexer. Junte a cenoura, o salsão, o alho e refogue por mais 2 minutos.

3. Acrescente o restante do azeite, junte o arroz e misture bem. Regue com o vinho e mexa até secar. Junte a água, a folha de salsão, a cebola cravejada e o filé de frango (opcional). Tempere com ½ colher (chá) de sal e pimenta a gosto, misture, tampe a panela e aumente o fogo para alto.

4. Assim que começar a sair vapor pela válvula, diminua o fogo para médio e conte 3 minutos — esse é o tempo exato para o risoto não passar do ponto. Desligue o fogo e, com cuidado, leve a panela para esfriar sob água corrente até parar de sair vapor pela válvula. Atenção: a água não deve entrar em contato com nenhuma das válvulas, apenas com a superfície lisa da tampa.

5. Depois que todo o vapor sair, abra a tampa da panela. Com uma pinça, pesque o filé de frango, a folha de salsão e a cebola cravejada — reserve o filé de frango para outra receita. Volte a panela ao fogo médio e mexa por cerca de 5 minutos, até o risoto ficar cremoso e *al dente*.

6. Desligue o fogo, acrescente a manteiga, o queijo ralado e misture bem. Sirva a seguir.

PARA VARIAR O RISOTO

REFOGADO: O *mirepoix* (que é como os franceses chamam a combinação muito usada por eles de cebola + salsão + cenoura) pode ser incrementado com um alho-poró ou um legume de sua preferência. Se quiser um risoto de cenoura, por exemplo, é só acrescentar mais uma na conta dos ingredientes.

ÁCIDO: Vinho tinto no lugar do branco, ou caldo de laranja no lugar do vinho.

FINALIZAÇÃO: Além de variar nas ervas frescas, você também pode trocar o queijo e acrescentar outros ingredientes na finalização do preparo.

PREPARADO PARA PÔR A TEORIA EM PRÁTICA? AQUI VÃO ALGUMAS SUGESTÕES

CAPRESE (TOMATE + MANJERICÃO + MUÇARELA DE BÚFALA): Após abrir a panela de pressão, misture bem a manteiga e ¼ de xícara (chá) de queijo parmesão. Acrescente ½ xícara (chá) de tomates-cereja cortados ao meio, ½ xícara (chá) de minimuçarelas de búfala cortadas ao meio e as folhas de 2 ramos de manjericão. Misture delicadamente e sirva regado com azeite a gosto.

DAMASCO, QUEIJO MEIA CURA E LIMÃO: Depois que o risoto estiver cozido, substitua o queijo parmesão do risoto por ½ xícara (chá) de queijo meia cura ralado fino. Adicione ⅓ de xícara (chá) de damasco seco fatiado, as raspas de 1 limão e o caldo de metade dele.

RICOTA, HORTELÃ E NOZES: Para finalizar o risoto, troque o queijo parmesão por 1 xícara (chá) de ricota fresca esfarelada, acrescente ½ xícara (chá) de nozes picadas grosseiramente e as folhas de 2 ramos de hortelã, também picadas. Para deixar a apresentação mais elegante, reserve um pouco das nozes e algumas folhas de hortelã inteiras para decorar os pratos.

GORGONZOLA E PERA: Enquanto o risoto cozinha, lave e seque 2 miniperas. Corte 1 minipera em cubos de 1 cm, descartando as sementes. Regue com o caldo de ½ limão para não escurecer e reserve. Corte a outra minipera em quartos, leve uma frigideira ao fogo médio, regue com 1 fio de azeite e doure os pedaços de pera por 2 minutos. Após os 3 minutos de cozimento, abra a panela de pressão e misture bem a manteiga e ⅓ de xícara (chá) de queijo gorgonzola esfarelado. Junte os cubos de pera ao risoto e misture delicadamente para não desmanchar. Divida o risoto em dois pratos, disponha 2 pedaços de pera grelhada no centro de cada um e sirva a seguir.

LEGUMES GRELHADOS: Sirva o risoto com legumes grelhados. Além de complementarem o sabor, eles dão um visual lindo ao prato. Lave os legumes, seque bem e corte em pedaços uniformes (tomates grape cortados ao meio, palitos de cenoura, gomos de cebola roxa, quadrados de pimentão, floretes de couve-flor, quiabos em metades, meias-luas de abobrinha). A dica é começar a grelhar sempre pelos mais firmes (cenoura, pimentão) e finalizar com os mais delicados (abobrinha, tomate), que soltam líquido. Não coloque muitos de uma vez: é importante que todos fiquem em contato com o fundo da frigideira, sem sobrepor, para não acumular água. Além disso, tempere os legumes com sal e pimenta apenas quando estiverem na frigideira.

Para acompanhar: grelhados perfeitos

Quem optar pelo pacote completo vai querer o risoto acompanhado de um bom grelhado. A técnica varia com o alimento escolhido, mas alguns procedimentos valem para todos — e são decisivos para o resultado ser uma peça douradinha e suculenta, e não uma sola de sapato.

Para começar, o segredo está na temperatura, tanto da frigideira como do alimento. Caso ele esteja gelado, em vez de dourar, vai soltar água e cozinhar no próprio vapor. Se a frigideira não estiver bem quente, ela não vai selar o ingrediente — técnica importante para preservar os líquidos naturais e não ressecar os alimentos. Então, primeiro aqueça a frigideira, depois acrescente a gordura e só então coloque o alimento.

Feito isso, contenha-se, e nada de mexer na carne o tempo todo, muito menos espetar a peça com o garfo. Quem indica a hora certa da virada é a própria carne: se ela desgrudou da frigideira, está no jeito. Dessa forma, ela preserva os sucos e vai bem suculenta para o prato.

MEDALHÃO DE FILÉ-MIGNON: Leve uma frigideira grande ao fogo médio e tempere 4 medalhões (cerca de 100 g cada) dos dois lados com sal e pimenta-do-reino moída na hora a gosto. Quando a frigideira estiver bem quente, regue com 1 colher (sopa) de azeite e acrescente as carnes. Deixe dourar, sem mexer, por 2 minutos de cada lado, ou até que os medalhões soltem da frigideira — essa técnica se chama selagem, importante para preservar os líquidos naturais e manter o filé suculento. Dei-

xe cozinhar em fogo baixo por mais 1½ minuto de cada lado se quiser um medalhão ao ponto. Se preferir malpassado, deixe por apenas mais 1 minuto.

SALMÃO: Leve uma frigideira média ao fogo médio e tempere duas *tranches* de salmão (cerca de 200 g cada) com sal e pimenta-do-reino moída na hora a gosto. Quando a frigideira aquecer, regue com um fio de azeite e coloque o peixe, com a pele para baixo. Deixe dourar, sem mexer, por 4 minutos, ou até soltar da frigideira. Com uma espátula, vire delicadamente as *tranches*. Para deixar uma superfície dourada e o interior ainda cru, deixe por mais 3 minutos. Para um salmão totalmente cozido, mantenha na frigideira por mais 4 minutos.

FILÉ DE PEITO DE FRANGO: Comece pela salmoura, que garante uma carne suculenta. Numa tigela, misture 2 colheres (sopa) de sal, 2 colheres (chá) de açúcar, 1 dente de alho amassado e esfregue nos filés de frango. Cubra com água, junte a folha de louro, tampe e deixe descansar por 20 minutos na geladeira. Retire o frango da salmoura, lave em água corrente, seque bem os filés com um papel-toalha ou pano de prato limpo e tempere com sal e pimenta-do-reino moída na hora a gosto. Leve uma frigideira grande ao fogo médio para aquecer. Regue com 2 colheres (chá) de azeite e coloque os filés com o lado mais liso para baixo. Deixe dourar por cerca de 1 minuto de cada lado, abaixe o fogo e cozinhe por mais 5 minutos de cada lado, para garantir que os filés fiquem dourados por fora e totalmente cozidos por dentro.

Ensopado descomplicado

Ensopado rápido de frango + cuscuz marroquino
ou farofa de cebola ou polenta rápida

Falou em ensopado, você pensa logo numa preparação que precisa ficar horas e horas apurando no fogo baixinho? Que nada! Este ensopado de frango não passa nem 20 minutos cozinhando e tem um molho tão saboroso que parece até mágica — no caso, a magia atende pelo nome de especiarias. Um pouquinho de cominho, cúrcuma e pimenta-de-caiena fazem uma diferença incrível no prato. Para poupar tempo e trabalho, a receita leva tomate pelado e grão-de-bico em lata. Não por acaso, o corte escolhido é o peito de frango, que tem um cozimento muito mais rápido do que partes como a coxa ou a sobrecoxa. Como é um prato substancioso e cheio de sabor, o acompanhamento pode ser o mais básico possível — a ideia é um coadjuvante que absorva bem o caldo, como um cuscuz marroquino, uma farofa ou uma polenta simples. Vale a pena preparar o ensopado a mais para porcionar e congelar.

Lista de compras

NA DESPENSA	ESPECÍFICOS	OPCIONAL	ACOMPANHAMENTOS
- Alho - Azeite - Cebola - Cominho - Cúrcuma - Limão - Louro - Mel - Pimenta-do-reino - Sal - Tomate pelado em lata	- Coentro fresco - Peito de frango - Lata de grão-de-bico cozido - Pimenta-de-caiena	- O acompanhamento da sua escolha (cuscuz marroquino ou farinha de mandioca flocada ou fubá pré-cozido)

Plano de ataque

Um corta o que é preciso, o outro deixa os ingredientes à mão e, em questão de minutos, o ensopado já está no fogo. Enquanto ele cozinha, é o tempo de arrumar a mesa e preparar o acompanhamento.

PESSOA 1

Retire o frango da geladeira e posicione a tábua de corte. Descasque e pique a cebola e o alho.

Corte o frango em cubos, tempere e reserve.

Faça o refogado, adicione as especiarias e os demais ingredientes. Enquanto o ensopado cozinha, coloque a mesa.

PESSOA 2

Separe todos os outros ingredientes da receita: especiarias, mel, limão, latas.

Escorra o líquido da lata do grão-de-bico e faça as raspinhas de limão.

Prepare o acompanhamento escolhido (polenta, cuscuz ou farofa).

RECEITA

Ensopado rápido de frango

Aromática, substanciosa e econômica: o que mais a gente pode querer de uma receita para alegrar a semana? Praticidade, claro! Pois com a ajuda de uma lata de tomate pelado e outra de grão-de-bico o ensopado fica pronto num instantinho.

SERVE **4 PORÇÕES** | PREPARO **40 MINUTOS**

- 1 PEITO INTEIRO DE FRANGO SEM PELE NEM OSSO (CERCA DE 500 G)
- 1 LATA DE GRÃO-DE-BICO COZIDO
- 1 LATA DE TOMATE PELADO EM CUBOS (COM O LÍQUIDO)
- ½ CEBOLA
- 1 DENTE DE ALHO
- ½ XÍCARA (CHÁ) DE ÁGUA
- RASPAS E CALDO DE ½ LIMÃO
- 1 COLHER (SOPA) DE MEL
- 1 COLHER (CHÁ) DE COMINHO EM PÓ
- ½ COLHER (CHÁ) DE CÚRCUMA
- UMA PITADA DE PIMENTA-DE-CAIENA
- 1 FOLHA DE LOURO
- AZEITE A GOSTO
- SAL E PIMENTA-DO-REINO MOÍDA NA HORA A GOSTO
- FOLHAS DE COENTRO A GOSTO PARA SERVIR

1. Descasque e pique fino a cebola e o alho. Corte os peitos de frango em cubos médios. Transfira para uma tigela e tempere com sal e pimenta a gosto.

2. Leve uma panela média ao fogo médio para aquecer. Regue com 1 colher (sopa) de azeite, acrescente a cebola, tempere com uma pitada de sal e refogue por 2 minutos, até murchar. Junte o alho, a folha de louro e mexa por 1 minuto, para perfumar. Tempere com o cominho, a cúrcuma, a pimenta-de-caiena e misture bem.

3. Regue com a água aos poucos, raspando os queimadinhos do fundo da panela. Junte o tomate pelado (com o líquido) e mexa bem para incorporar o sabor do refogado. Regue com a água, acrescente os cubos de frango e misture bem. Deixe cozinhar em fogo médio até ferver.

4. Abaixe o fogo e deixe cozinhar por mais 5 minutos, mexendo de vez em quando até o frango estar cozido. Enquanto isso, passe o grão-de-bico pela peneira e deixe escorrer bem a água. Junte o grão-de-bico ao ensopado, misture o mel e deixe cozinhar por mais 1 minuto, apenas para aquecer.

5. Desligue o fogo e misture as raspas e o caldo de limão. Transfira para uma tigela, finalize com as folhas de coentro e sirva a seguir.

AGILIZE A MARMITA

Se você pode esquentar marmita no trabalho, este ensopado é uma ótima opção: como tem bastante molho, não tem perigo de ressecar e continua gostoso ao ser reaquecido. Lembre-se apenas de levar o acompanhamento separadamente, caso contrário, ele vai absorver todo o caldo antes da hora e deixar o prato seco. Outra opção, para ser consumida fria, é aproveitar a *mise en place** e deixar pronto um prato completamente diferente para o dia seguinte: na hora de cortar o frango, separe e grelhe alguns cubos. Depois, é só juntar com 2 colheres (sopa) de grão-de-bico em lata e fazer uma salada com cuscuz marroquino. Adicione bastante erva fresca picada, como salsinha e hortelã, e o almoço no escritório está resolvido!

* Termo em francês que significa "pôr em ordem". É utilizado para descrever o pré-preparo dos ingredientes para a execução das receitas.

Para acompanhar: simples e eficientes

Com frango e grão-de-bico mergulhados num molho potente desses, você só precisa de um acompanhamento bem basiquinho para ter uma megarrefeição. As três opções a seguir são de preparo pá-pum e absorvem bem os sabores do prato. Todas servem 2 pessoas.

CUSCUZ MARROQUINO: Numa tigela pequena, coloque ½ xícara (chá) de cuscuz marroquino e tempere com ½ colher (chá) de azeite e ½ colher (chá) de sal. Regue o cuscuz com ½ xícara (chá) de água fervente, misture e tampe com um prato para abafar. Deixe hidratar por 5 minutos. Solte os grãos com um garfo e sirva a seguir.

POLENTA RÁPIDA: Numa panela média, leve 1 litro de água ao fogo alto para ferver. Acrescente 1 colher (chá) de sal e junte 1 xícara (chá) de fubá pré-cozido aos poucos, em fio constante, mexendo com um batedor de arame para não empelotar. Mexa por 10 minutos, até a polenta ficar cremosa e soltar do fundo da panela. Desligue o fogo e misture 1 colher (sopa) de manteiga e ¼ de xícara (chá) de queijo parmesão ralado. Sirva a seguir.

FAROFA DE CEBOLA: Leve uma frigideira com 25 g de manteiga ao fogo médio. Quando derreter, junte ½ cebola em meias-luas finas, tempere com uma pitada de sal e refogue por 5 minutos, até dourar bem. Aos poucos, acrescente ⅔ de xícara (chá) de farinha de mandioca flocada, mexendo bem para incorporar. Tempere com sal e pimenta e mexa por mais 2 minutos, até ficar crocante. Sirva a seguir.

Ode ao ovo

Omelete de espinafre com salada de verdes + tomate recheado com farofa de aliche ou cenoura assada com molho pesto ou brócolis assados com feijão-branco e raspas de limão

Não deu tempo de fazer a compra da semana? A geladeira está sofrendo daquele vazio interior? Se você tiver ovos à mão, não há o que temer: a refeição está garantida! Ovo frito, cozido, mexido, quente, pochê... É difícil encontrar um ingrediente que bata o danado em rapidez no preparo e em versatilidade. Quando a gente parte para as opções de recheio, então, as possibilidades são inúmeras. Que tal uma omelete de espinafre com parmesão? Junte uma fatia de pão italiano, sirva uma saladinha de folhas verdes e está pronto um jantar de respeito. Se quiser uma atração extra, invista num acompanhamento feito no forno: enquanto ele assa, você prepara a omelete na frigideira e ajeita a salada. Por sinal, olha aí outro pulo do gato para otimizar o tempo na cozinha: combinar métodos de preparo diferentes. No forno, as preparações não exigem dedicação integral — é só colocar para assar e ficar atento para não queimar. E sempre dá para programar o alarme do celular, caso o seu forno não tenha *timer*. Assim, você pode se concentrar na receita do fogão. Ou seja, prepara dois pratos ao mesmo tempo, sem se atrapalhar.

A omelete perfeita

Existem alguns métodos para cozinhar uma omelete perfeita, mas simplesmente despejar os ovos batidos com outros ingredientes na frigideira não é um deles! O resultado será uma espécie de panqueca de ovo... Para conseguir uma omelete padrão cinco estrelas, duas coisas são fundamentais: uma boa frigideira antiaderente (leia mais abaixo) e um mexe-mexe na primeira parte do processo, para que os ovos formem uma base para receber o recheio, mas, ao mesmo tempo, fiquem cremosos.

Uma boa medida é calcular 3 ovos por pessoa — quebre cada um separadamente numa tigelinha, porque se um deles estiver estragado você não perde os demais. Na hora de bater, um garfo resolve — a ideia é misturar as gemas com as claras sem incorporar muito ar à mistura. Agora vem a hora da verdade: aqueça a frigideira em fogo médio e acrescente 1 colher (chá) de manteiga. Quando ela começar a espumar, despeje os ovos batidos e, com uma espátula de silicone, puxe as bordas que começarem a cozinhar para o centro. Esse processo faz com que a parte que ainda está líquida escorra para a borda da frigideira e cozinhe mais rápido. A textura enrugada que se forma vai dar à preparação uma consistência bem cremosa e úmida. Quando o líquido parar de escorrer, é hora de colocar o recheio e dobrar a omelete.

Utensílio indispensável

Para sua omelete fazer jus ao nome e não virar um ovo mexido, uma boa frigideira antiaderente é essencial. O problema é que esse tipo de revestimento não dura muito, mesmo usando espátulas de silicone. De tempos em tempos, é preciso comprar outra. A grande vantagem é que você usa menos gordura no preparo. Aliás, para fazer fritura, com bastante óleo, o aconselhável é usar uma frigideira de inox, sem revestimento.

Lista de compras

A combinação de ingredientes desta lista não deixa margem para erro, mas o bacana da omelete é que você pode fazer a receita usando o que estiver dando sopa na geladeira. Arrisque, petisque, não se reprima!

NA DESPENSA	**ESPECÍFICOS**	**OPCIONAL	ACOMPANHAMENTOS**
- Azeite - Manteiga - Ovo - Pimenta-do-reino - Sal	- Espinafre - Queijo parmesão - Salada de folhas verdes	- O acompanhamento da sua escolha (tomate recheado, cenoura assada com pesto ou brócolis assados com feijão-branco)

Plano de ataque

A omelete corre pela direita, o acompanhamento vai pela esquerda, puxa a salada junto e todos se encontram na mesa para um jantar saudável e delicioso.

PESSOA 1	**PESSOA 2**
Comece pelo recheio: lave e seque as folhas de espinafre. Refogue e reserve as folhas em uma peneira.	Preaqueça o forno e prepare os ingredientes escolhidos para o acompanhamento.
Faça a *mise en place* da omelete: retire os ovos e a manteiga da geladeira e rale o queijo.	Enquanto o acompanhamento assa, cuide da salada de folhas verdes e do molho.
Quebre os ovos numa tigela, tempere e bata-os levemente.	Continue no preparo do acompanhamento (molho pesto da cenoura, ou escorra a água do feijão em lata).
Prepare a primeira omelete e reserve num prato, coberta com papel-alumínio.	Coloque a mesa, mas fique sempre de olho no forno.
Prepare a segunda omelete.	Finalize o acompanhamento.

RECEITA

Omelete de espinafre com salada de verdes

A mais cremosa das omeletes ganha um recheio saboroso e arrebatador: espinafre refogado e queijo parmesão.

SERVE **2 PESSOAS** | PREPARO **25 MINUTOS**

6 OVOS
3 COLHERES (CHÁ) DE MANTEIGA
2 XÍCARAS (CHÁ) DE FOLHAS DE ESPINAFRE (½ MAÇO)
½ XÍCARA (CHÁ) DE QUEIJO PARMESÃO RALADO FINO
1 COLHER (SOPA) DE AZEITE
SAL E PIMENTA-DO-REINO MOÍDA NA HORA A GOSTO

1. Lave as folhas de espinafre sob água corrente e seque bem.

2. Leve uma panela média (ou frigideira) ao fogo médio para aquecer. Regue com o azeite, junte o espinafre, tempere com sal e pimenta e refogue por 5 minutos, até murchar. Sobre uma tigela, transfira o espinafre refogado para uma peneira e, com as costas de uma colher, aperte delicadamente para extrair o excesso de líquido — isso evita que a omelete encharque.

3. Numa tigela pequena, quebre 3 ovos, um de cada vez, e transfira para outra tigela — se um estiver estragado você não perde a receita. Tempere com sal e pimenta a gosto e, com um garfo, bata apenas para misturar as claras com as gemas.

4. Leve uma frigideira antiaderente pequena ao fogo baixo (nós usamos uma de 20 cm de diâmetro). Quando aquecer, adicione 1 colher (chá) de manteiga e deixe derreter. Faça um movimento circular com a frigideira para espalhar a manteiga por todo o fundo.

5. Junte a mistura de ovos. À medida que as beiradas começarem a cozinhar, empurre-as para o centro da frigideira; não se assuste, a mistura vai ficar toda enrugada mesmo. Com esse processo, a parte que ainda está líquida escorre para a borda e cozinha rapidamente. O resultado é uma omelete mais úmida. Repita até que não escorra mais, por cerca de 1 minuto.

6. Quando a omelete já estiver cozida (as beiradas desgrudam das laterais, mas o centro ainda está úmido), disponha metade do espinafre refogado e do queijo ralado no centro dela e dobre na metade. Adicione ½ colher (chá) de manteiga e, com a ajuda de uma espátula, deixe escorrer para baixo da omelete. Dessa maneira, o lado em contato com a frigideira fica bem douradinho. Deixe dourar por cerca de 1 minuto.

7. Para servir, segure a frigideira pelo cabo e vire a omelete sobre um prato. Cubra com papel-alumínio para não esfriar enquanto prepara a segunda omelete. Sirva a seguir com a salada de folhas verdes.

ESPINAFRE CONGELADO: Se preferir usar espinafre comprado congelado (150 g), pule o pré-preparo feito no passo 1. O tempo do refogado também diminui para 2 minutos.

PARA A SALADA: 1 MAÇO DE ALFACE *FRISÉE*

1. Lave bem as folhas de alface sob água corrente, transfira para uma tigela com 1 litro de água e siga as instruções do bactericida de sua preferência. Deixe de molho pelo tempo indicado para higienizar.

2. Retire as folhas da água em vez de escorrer — assim as sujeirinhas ficam no fundo. Enxágue e, depois, seque bem (numa centrífuga, com papel-toalha ou com um pano de prato limpo). Sirva as folhas temperadas com azeite, vinagre e sal para acompanhar a omelete.

MOLHO DA SALADA

Com a proporção básica, você nunca erra o molho de salada: 3 partes de óleo (azeite) para 1 parte de ácido (limão, vinagre, balsâmico). O jeito mais fácil de preparar é chacoalhar num pote de vidro para ficar bem emulsionado. Mantendo a proporção dos ingredientes básicos, você pode juntar ingredientes extras para mudar o sabor: mel, mostarda, ervas frescas e secas, especiarias... Sal e pimenta sempre por último.

PARA VARIAR NO RECHEIO

OMELETE DE CEBOLA COM BACON: Refogue ½ xícara (chá) de bacon em cubos (75 g) com um fio de azeite até começar a dourar, acrescente ½ cebola cortada em cubos, tempere com uma pitada de sal e refogue até murchar.

OMELETE DE PIMENTÃO COM ORÉGANO: Leve a frigideira ao fogo médio, regue com ½ colher (sopa) de azeite e acrescente 1 pimentão vermelho cortado em cubos. Tempere com uma pitada de sal, 1 colher (chá) de orégano, pimenta-do-reino moída na hora a gosto e refogue por 2 minutos.

OMELETE DE QUEIJO MINAS COM ERVILHA: Coloque 1 colher (chá) de manteiga na frigideira antiaderente e leve ao fogo médio. Quando derreter, junte ½ xícara (chá) de ervilha congelada, tempere com uma pitada de sal e refogue por 2 minutos, até ficar macia. Troque o queijo parmesão ralado por ⅔ de xícara (chá) de queijo minas fresco cortado em cubos pequenos.

Para acompanhar: assados práticos

Preparar um prato no fogo e outro no forno é um jeito esperto de ganhar tempo — e na cozinha a dois evita a disputa pela melhor boca do fogão. É só coordenar o passo a passo para as receitas ficarem prontas juntas. Para acompanhar uma omelete a jato, assados igualmente rápidos.

TOMATE RECHEADO COM FAROFA DE ALICHE: Preaqueça o forno a 180 ºC (temperatura média). Lave e seque 2 tomates e corte uma fatia bem fina na base de cada um, para que fiquem em pé. Corte e descarte a tampa dos tomates e elimine as sementes com uma colher. Tempere a parte interna com sal a gosto e deixe-os num prato para drenar, com a parte aberta para baixo, enquanto prepara o recheio. No pilão, coloque 2 filés de anchova, 1 dente de alho pequeno descascado e ½ colher (sopa) de azeite. Bata até formar uma pasta e transfira para uma tigela. Adicione ¼ de xícara (chá) de farinha de rosca, 2 colheres (sopa) de queijo parmesão ralado, folhas de 2 ramos de tomilho e 1½ colher (sopa) de azeite. Misture até formar uma farofa úmida. Recheie cada tomate com a farofa e regue com mais um fio de azeite. Espalhe um pouco de azeite no centro de um refratário, coloque os tomates sobre o azeite e leve ao forno por 30 minutos, até dourar.

BRÓCOLIS ASSADOS COM FEIJÃO-BRANCO E RASPAS DE LIMÃO: Preaqueça o forno a 200 ºC (temperatura média). Corte meio maço de brócolis ninja em floretes pequenos, reservando a base grossa do talo para outros preparos (congele ou pique fino para incrementar o arroz). Lave os floretes numa peneira sob água corrente e deixe escorrer bem — quanto mais secos, mais crocantes ficam. Unte uma assadeira grande com azeite e disponha os floretes espaçadamente. Regue com mais azeite e tempere com sal e pimenta-do-reino a gosto. Leve ao forno para assar por cerca de 20 minutos, até dourar. Retire do forno e transfira para uma travessa. Escorra bem a água de ½ lata de feijão-branco cozido (sem tempero), junte os grãos aos brócolis e misture delicadamente. Polvilhe com raspas de 1 limão-siciliano e sirva. (Aqui a receita é com feijão-branco pré-cozido e enlatado, aquele que é só feijão, água e sal e que ajuda a resolver um jantar rapidinho. Se quiser preparar seu próprio feijão-branco e congelá-lo, dou a dica na página 83).

OBS.: A outra metade dos brócolis pode ser branqueada e congelada (página 33). Os floretes vão do congelador para a panela com azeite e alho — está pronto o acompanhamento da próxima refeição. Sobrou feijão? Garanta a marmita: misture com tomates-cereja cortados ao meio, pepino cortado em meias-luas, azeitonas pretas e fatias de cebola roxa, tempere com azeite, sal e pimenta-do-reino a gosto.

CENOURA ASSADA COM MOLHO PESTO: Preaqueça o forno a 240 ºC (temperatura alta). Descasque e corte 2 cenouras ao meio, na largura. Corte cada metade em quartos para formar palitos e transfira para uma assadeira grande. Tempere com 2 colheres (sopa) de azeite, sal e pimenta-do-reino moída na hora a gosto. Leve para assar por 20 minutos, até dourar — na metade do tempo, vire com uma espátula para dourar por igual. Sirva com uma colherada do molho pesto da página 66.

Macarrão, esse camaleão

Penne com molho rápido de tomate

Ele pode ter um molho bem levinho ou vir no maior estilo "pé na jaca". Combina com tudo o que é carne, mas também é sucesso nas rodas vegetarianas. Vai do jantar romântico ao domingão em família. Macarrão, esse herói universal, vira o que você quiser. E o que a gente quer aqui é comida gostosa e vida mansa: um prato completo, que dê para resolver em meia hora ou menos. O molho básico deste capítulo não tem complicação: você não precisa tirar a pele nem as sementes do tomate. A partir dele, dá para acrescentar outros ingredientes para garantir sem esforço novidade para o jantar. Bacon com pimenta-calabresa num dia, alcaparras e aliche no outro, e por aí vai. Lembrando que molho não precisa ser só de tomate: que tal um pesto ou uma massa com cogumelos refogados na manteiga? Brócolis, alho e óleo? Delícia! Tudo fácil, tudo rápido. Mas, apesar de toda a praticidade, cozinhar macarrão tem lá seus segredinhos. Veja quatro dicas para garantir o sucesso da sua massa:

USE UMA PANELA GRANDE

Macarrão precisa de espaço para cozinhar por igual e aumentar de volume sem ficar grudando um no outro. Um caldeirão é o ideal, principalmente para massas longas. Nunca quebre um espaguete para fazer caber na panela: é o tipo de coisa que mata a *nonna* do coração! Coloque a massa na água e vá mexendo de vez em quando, até que todos os fios estejam submersos. Massas curtas também precisam de algumas mexidas durante o cozimento para evitar o grude.

ÁGUA E SAL SEM MISÉRIA

Uma boa medida é calcular 1 litro de água para cada 100 g de massa. Quanto ao sal, calcule ½ colher (sopa) para cada litro de água — ela deve ficar salgada como o mar. Água com sal demora mais para entrar em ebulição, por isso deixe para salgar depois que a fervura começar. Dica importante: a água do cozimento do macarrão tem amido e pode ser usada na finalização de algumas receitas: ela envolve as massas servidas com verduras ou legumes refogados, deixa molhos à base de manteiga mais fluidos. Também serve para aquecer molhos que não vão ao fogo, como o pesto — nesse caso, além de dar uma esquentadinha, um pouco da água do cozimento vai melhorar a textura do molho. Ou seja, antes de escorrer o macarrão, veja se é preciso reservar um pouco do líquido para usar na receita.

NADA DE ÓLEO

Com água abundante e uma panela grande, não há perigo de o macarrão grudar. Portanto, despejar um fio de óleo na água do cozimento não vai ajudar em nada. Pior, vai atrapalhar: o molho adere menos à massa cozida dessa forma.

ESCORREU, MISTUROU, COMEU

Macarrão é o tipo de coisa que não pode esperar, sob risco de continuar cozinhando e passar do ponto com o calor residual ou com o molho quente. Quando a massa está *al dente*, ou seja, cozida, mas firme, escorra, misture o molho e sirva imediatamente.

Lista de compras

NA DESPENSA

- Alho
- Azeite
- Macarrão
- Pimenta-do-reino
- Sal

ESPECÍFICOS

- Tomate
- Manjericão
- Parmesão

Plano de ataque

Se para uma pessoa sozinha esta receita é fácil, para duas é até covardia. Para preparar num piscar de olhos, jogando conversa fora.

PESSOA 1

Leve uma panela grande com água ao fogo alto. Quando ferver, acrescente o sal e o macarrão.

Enquanto o macarrão cozinha, arrume a mesa. Se quiser, já deixe o parmesão ralado.

Escorra o macarrão e misture ao molho na frigideira.

PESSOA 2

Faça o pré-preparo do molho: lave o manjericão e os tomates. Descasque e pique o alho, corte os tomates.

Prepare o molho na frigideira.

Alguém aceita uma taça de vinho?

RECEITA

Penne com molho rápido de tomate

Não precisa gastar tempo tirando a pele e as sementes do tomate para este molho. A ideia é que ele fique rústico, meio pedaçudo. Quer algo mais intenso e picante? Veja no final da receita sugestões para uma dose extra de emoção no prato.

SERVE **2 PORÇÕES** | PREPARO **30 MINUTOS**

2 XÍCARAS (CHÁ) DE PENNE
(OU OUTRA MASSA CURTA)
6 TOMATES ITALIANOS MADUROS
2 DENTES DE ALHO
2 COLHERES (SOPA) DE AZEITE

SAL E PIMENTA-DO-REINO MOÍDA NA
HORA A GOSTO
QUEIJO PARMESÃO RALADO A GOSTO
PARA SERVIR
RAMOS DE MANJERICÃO A GOSTO PARA SERVIR

1. Leve uma panela grande com água ao fogo alto para ferver. Enquanto isso, lave, seque e corte os tomates em pedaços médios — não precisa tirar as sementes nem a pele. Mas, atenção: eles precisam estar maduros para que o molho não fique ácido e sem sabor. Descasque e pique fino os dentes de alho.

2. Assim que a água ferver, acrescente 1 colher (sopa) de sal e junte o macarrão. Misture e deixe cozinhar pelo tempo indicado na embalagem. Enquanto isso, prepare o molho.

3. Aqueça uma frigideira grande no fogo médio. Regue com o azeite, acrescente os tomates, tempere com sal e pimenta a gosto e deixe cozinhar por cerca de 10 minutos, mexendo de vez em quando, até formar um molho rústico — pressione delicadamente com uma espátula para desmanchar alguns pedaços.

4. Junte o alho e mexa por 1 minuto, para perfumar. Desligue o fogo e reserve.

5. Quando a massa estiver *al dente*, escorra a água, transfira o macarrão para a frigideira com o molho de tomate e misture folhas de manjericão a gosto (se sua frigideira for pequena, misture o molho com a massa numa travessa). Sirva a seguir com queijo parmesão ralado.

JANTARES RÁPIDOS 65

PARA SAIR DO BÁSICO

MOLHO DE TOMATE COM BACON + PIMENTA-CALA-BRESA: Leve uma frigideira grande ao fogo médio para aquecer. Regue com ½ colher (sopa) de azeite, junte ½ xícara (chá) de bacon em cubos e refogue, mexendo de vez em quando, até começar a dourar. Adicione uma pitada de pimenta-calabresa e mexa por 1 minuto, para perfumar. Acrescente 6 tomates italianos maduros, cortados em pedaços médios. Tempere com sal a gosto e deixe cozinhar, mexendo de vez em quando, até formar um molho rústico. Desligue o fogo e sirva a seguir.

MOLHO DE TOMATE COM FILÉ DE ANCHOVA + AL-CAPARRA + AZEITONA: Numa frigideira grande, coloque 2 colheres (sopa) de azeite, 2 dentes de alho picados fino e 6 filés de anchova. Leve ao fogo médio e refogue por 1 minuto, até a anchova desmanchar. Acrescente 6 tomates italianos maduros, cortados em pedaços médios, e deixe cozinhar, mexendo de vez em quando, até formar um molho rústico. Junte 1 colher (sopa) de alcaparras e ⅓ de xícara (chá) de azeitonas pretas, sem caroço, cortadas em quartos. Misture e deixe cozinhar por mais 2 minutos, para incorporar os sabores. Desligue o fogo, prove e acerte o sal — cuidado: a anchova, a alcaparra e as azeitonas são salgadas. Sirva a seguir.

Mais 3 variações

Massa é a porta de entrada para muita gente na cozinha. E é um ótimo início, diga-se de passagem: com a segurança de uma base neutra, você aprende qual ingrediente harmoniza com outro e vai dominando a combinação de sabores. Confira a seguir algumas variações:

TALHARIM COM ESCAROLA REFOGADA: Leve ao fogo médio uma frigideira grande com ⅓ de xícara (chá) de azeite e 2 dentes de alho picados fino e refogue por 1 minuto, para perfumar. Junte ½ maço de escarola fatiada, tempere com sal e pimenta a gosto e refogue por 2 minutos, até começar a murchar. Desligue o fogo, misture 200 g de talharim cozido *al dente* e regue com ¼ de xícara (chá) da água do cozimento do macarrão, para deixar o molho mais fluido. Misture raspas de 1 limão-siciliano e sirva a seguir com lascas de queijo parmesão.

MOLHO PESTO: Lave e seque bem 1 xícara (chá) de manjericão e descasque 1 dente de alho. No processador de alimentos, triture ½ xícara (chá) de azeite com ¼ de

xícara (chá) de nozes, o alho, ¼ de xícara (chá) de queijo parmesão ralado e uma pitada de sal. Depois, junte as folhas de manjericão e processe para incorporar todos os ingredientes. Quanto menos você bate o manjericão, mais verdinho fica o molho (se preferir, bata no pilão, no mixer ou no liquidificador). Prove e, se necessário, tempere com mais sal — alguns queijos são mais salgados que outros.

O pesto de manjericão é o clássico dos clássicos, mas você pode fazer diferentes combinações seguindo a mesma fórmula: mantenha o alho, o parmesão e o azeite, troque a erva e a castanha e acrescente ingredientes extras. Alguns exemplos:

COENTRO + SALSINHA + CASTANHA-DE-CAJU.
RÚCULA + CASTANHA-DO-PARÁ + CALDO DE LIMÃO.
SALSINHA + AMENDOIM + RASPAS DE LARANJA.

REFOGADO COM COGUMELOS: Leve uma frigideira grande com 50 g de manteiga ao fogo médio. Quando derreter, junte 1 dente de alho picado fino, 1 xícara (chá) de shiitake fatiado, 1 xícara (chá) de shimeji em ramos e ½ xícara (chá) de cogumelos-de-paris fatiados. Tempere com sal e pimenta a gosto e refogue por 3 minutos, até os cogumelos ficarem dourados e macios. Regue com ¼ de xícara (chá) de vinho branco e misture bem. Desligue o fogo, misture salsinha picada a gosto, junte 200 g de espaguete cozido e adicione, aos poucos, ½ xícara (chá) da água do cozimento, para deixar o molho mais fluido. Sirva a seguir.

JANTARES RÁPIDOS **67**

SOBREMESAS RÁPIDAS

ALÔ, DOÇURA!

Comer frutas em todas as refeições é um hábito maravilhoso. E não é só pela questão da saúde, não! É um jeito de encerrar o jantar com muito prazer. Para começo de conversa, elas não precisam ser sempre *in natura*. Cozidas, as frutas têm a doçura acentuada. Se ganham uma turbinada com outros ingredientes, então, viram sobremesas de babar. Que tal grelhar o abacaxi na frigideira? Pegar a maçã que está esquecida há dias e transformá-la num *crumble* que vai sumir em minutos? Ou flambar a banana? Nunca flambou nada na vida? É ótimo, muito mais fácil do que parece e dá a maior sensação de poder na cozinha. A primeira flambada a gente nunca esquece! Veja a seguir três motivos para encher o carrinho de frutas na próxima feira. E agora que o casal já treinou a divisão de tarefas com o plano de ataque dos cardápios, pode colocá-la em prática no preparo das sobremesas.

ABACAXI NA FRIGIDEIRA COM IOGURTE E MEL: Descubra os talentos ocultos do abacaxi com a ajuda de um ramo de alecrim e um pouquinho de manteiga. Leve uma frigideira grande ao fogo médio para aquecer. Coloque 1 colher (sopa) de manteiga e, quando derreter, acrescente 1 galho de alecrim. Mexa por 1 minuto, para perfumar, e polvilhe todo o fundo da frigideira com 1 colher (sopa) de açúcar. Coloque 4 fatias de abacaxi uma ao lado da outra e polvilhe-as com mais ½ colher (sopa) de açúcar. Deixe dourar por cerca de 5 minutos de cada lado — não precisa mexer. Se sua frigideira for pequena, doure as fatias em duas etapas. Sirva a seguir com uma colherada de iogurte cremoso e mel.

BANANA FOSTER COM SORVETE: Fogo, aromas, emoção: nem dá para acreditar que esta sobremesa performática é tão simples de preparar. Corte 2 bananas ao meio, no sentido do comprimento, e cada metade ao meio, no sentido da largura, para formar 8 fatias. Coloque num prato e regue com o caldo de ½ limão. Reserve. Leve uma frigideira grande ao fogo baixo com 25 g de manteiga. Quando derreter, junte ¼ de xícara (chá) de açúcar mascavo, uma pitada de canela em pó e mexa até formar uma pasta grossa. Mantenha a frigideira em fogo baixo e coloque as fatias de banana, uma ao lado da outra, com o lado cortado para baixo. Deixe cozinhar sem mexer por 1 minuto. Enquanto isso, acenda outra chama do fogão, coloque ¼ de xícara (chá) de rum numa concha, aproxime da chama e incline levemente para pegar fogo. Regue a bebida em chamas sobre as bananas e deixe flambar até o fogo apagar sozinho. Delicadamente, faça movimentos de vaivém com a frigideira para envolver as bananas na calda. Desligue o fogo e sirva imediatamente com sorvete de baunilha.

CRUMBLE DE MAÇÃ: Basta cortar a fruta, fazer a farofinha, pôr no forno e pronto: o *crumble* encerra o jantar durante a semana na maior alegria! Preaqueça o forno a 200 °C (temperatura média) e separe um refratário pequeno de 17 cm × 17 cm. Lave, seque e corte 2 maçãs em cubos de 1 cm e descarte o miolo com as sementes. Transfira para uma tigela e misture com 1 colher (sopa) do açúcar mascavo, raspas de 1 limão, o caldo de meio limão e canela em pó a gosto. Em outra tigela, misture ¼ de xícara (chá) de aveia em flocos, 3 colheres (sopa) de farinha de trigo, 3 colheres (sopa) de açúcar mascavo e uma pitada de canela. Junte 50 g de manteiga gelada cortada em cubos e misture com a ponta dos dedos até formar uma farofa grossa — não amasse demais para a manteiga não desmanchar completamente. Coloque as maçãs (com o caldo) no refratário e cubra com a farofa. Leve ao forno para assar por 30 minutos, até dourar. Sirva quente ou morno.

PÊ-EFE PARA O ALMOÇO

O prato (per)feito

Jantar dominado? Está na hora de resolver o almoço. Vamos aproveitar a perfeição de uma instituição brasileira, o pê-efe, ou prato feito: com arroz e feijão na mesa, metade do cardápio já está resolvida. Você vai aprender tudo sobre o preparo dessa dupla e deixar o dia a dia mais saudável, mais saboroso e mais prático. E sem gastar mais por isso. Depois, é só variar os legumes e as carnes. Tem pê-efe saindo!

No capítulo anterior, deu para entender que, com divisão de tarefas, é possível preparar refeições rápidas com comida de verdade e variando bem os sabores. Então, é hora de dar o segundo passo: investir no planejamento para garantir o almoço saudável e saboroso durante a semana inteira. Ambicioso demais? O segredo é basear o cardápio numa instituição brasileira, símbolo do nosso padrão alimentar tradicional: o pê-efe! No começo da industrialização do país, no século XIX, o prato feito já dava aquela força para os trabalhadores urbanos, que saíam de casa pela manhã e não podiam voltar para almoçar. Os estabelecimentos da época criaram uma combinação acessível, rápida e com a energia necessária para as atividades do dia. Era a reprodução de uma refeição caseira fora do lar. Pois a minha proposta aqui é a seguinte: levar o pê-efe de volta para casa.

A composição varia de acordo com a região do país, com a sazonalidade dos ingredientes, com o gosto do freguês. Mas uma característica é comum a todos: arroz e feijão batem ponto no pê-efe. E isso é um adianto e tanto na vida — com essa dupla pronta, metade da refeição está resolvida. A partir daí, é só completar o almoço com hortaliças (legumes e verduras que você compra na feira, de preferência os que estão na época, que têm menos agrotóxicos, são mais saborosos e custam menos), mais uma carne ou ovo, para quem quiser (nas sugestões de cardápio, tem opções com frango, carne moída, peixe e porco). É o prato feito e perfeito para quem busca uma alimentação balanceada, porque quatro dos cinco grupos alimentares estão representados na refeição. Só faltam as frutas, mas elas entram na sobremesa.

Nas próximas páginas, você vai aprender a garantir feijão fresquinho na mesa e dominar a técnica do arroz soltinho — que não é nada complicada — sem cozinhar do zero a cada refeição. O preparo do feijão é praticamente um curso intensivo de planejamento: cozinhe um panelão uma vez por semana, porcione, congele e deixe para temperar na hora de servir. Já o preparo do arroz é rapidinho, mas, se quiser, dá para congelar os grãos. Desperdício, nunca mais! A técnica de congelar a sobra, por sinal, também pode ser aplicada a outras receitas deste livro — algumas vêm com medidas para quatro pessoas justamente para você ter porções a mais, que vão para o congelador ou viram a marmita do dia seguinte. Nos dois casos, uma dica: porcione o excedente antes de servir a refeição. Assim, você garante sua boquinha no futuro e evita aquele repeteco guloso à mesa.

Vai ter pê-efe no almoço! Ou, se você preferir, no jantar.

FEIJÃO COM ARROZ, UM CASO DE AMOR

Não é só força do hábito ou questão de gosto: rola uma química entre o feijão e o arroz. Aqui vale uma explicação rápida em "nutricionês": juntos, eles formam uma proteína completa, com todos os aminoácidos necessários para a saúde. O feijão, além de conter fibras (que dão a sensação de saciedade e evitam que a gente coma demais) e nutrientes como ferro, zinco e cálcio, tem 19 dos 20 aminoácidos essenciais, só não tem a metionina. Quer saber quem tem? O arroz, considerado por muitos tão sem valor nutricional. Só podia dar casamento.

Aqui no Brasil, esse par perfeito simboliza o padrão alimentar tradicional e é a base do nosso pê-efe. Com arroz e feijão no jeito, meio cardápio está resolvido. É só acrescentar mais uma hortaliça (legume ou verdura) e, se quiser, alguma carne, e pronto: prato feito nota 10.

Tanto o arroz como o feijão são receitas de preparo simples e, com um pouco de planejamento, vão para a mesa diariamente, sem tanto esforço dos cozinheiros. Como o arroz fica pronto em menos de meia hora, é só encaixar o preparo de acordo com o andamento do prato principal. No caso do feijão, deixe as porções da semana congeladas, sem tempero, e finalize com um refogado no dia.

É difícil enjoar dessa dupla. Mas eu adoro variar! Cada região do Brasil tem o seu feijão favorito, de todas as cores e tamanhos — vale dar uma passeada pelas preferências do país para variar o seu pê-efe. Se quiser um feijão que dê um bom caldo, escolha entre rosinha, mulatinho, carioquinha (que, apesar do nome, é o preferido dos paulistas; no Rio de Janeiro, o feijão-preto domina). A receita pede um grão mais firme? Fradinho e feijão-verde são perfeitos — no Nordeste, entram em pratos como baião de dois, saladas... Na ala dos feijões que não engrossam o caldo tem ainda o andu (ou guandu), usado em farofas e outras preparações em Minas Gerais, Espírito Santo e parte do Nordeste. Você pode até dar uma folga para o feijão de vez em quando e usar outra leguminosa, como lentilha ou grão-de-bico.

Quer mais variação? Invista no refogado — o tempero pode ir muito além do alho e da cebola. Que tal uma pitada de curry no arroz ou um tomate picadinho no feijão-preto? É pra já: nos pê-efes do livro, você vai encontrar essas e outras sugestões para não deixar a relação desse casal cair na mesmice.

ALIMENTAÇÃO
BALANCEADA E DEMOCRÁTICA

Manter uma alimentação saudável sem saber cozinhar é muito difícil. Na esperança de conseguir cuidar do corpo, você corre de um modismo para outro, exclui ingredientes ou grupos alimentares, adota "superalimentos" milagrosos e acaba achando que sopa de saquinho é sopa, que macarrão instantâneo é macarrão, que lasanha congelada é lasanha. Com o tempo, a comida vira um inimigo, e você, pensando que tudo vai bem, só se alimenta à base do que não é comida — o que não tem nada a ver com alimentação saudável. Por isso, sempre que encontro uma brecha, eu repito: fuja dos produtos ultraprocessados e comece logo a cozinhar. (Neste livro, já tratei do assunto detalhadamente nas páginas 14 a 18, mas não vou perder a chance de falar de novo. Não é perseguição, é libertação!) Eu sei que não é fácil. Mas é possível! Conte comigo para ganhar autonomia e comer refeições saudáveis todos os dias.

Além da classificação dos alimentos por grau de processamento, você precisa conhecer também os grupos alimentares do pê-efe. São cinco: 1) feijões; 2) cereais, raízes e tubérculos; 3) hortaliças (legumes e verduras); 4) carnes e ovos, e 5) frutas. Na página 77, tem uma tabela explicando direitinho cada um deles. A divisão vai parecer óbvia, você vai achar que já sabia tudo. E sabe por quê? Porque você já sabia, mesmo. Comer é algo bem mais simples e instintivo do que se imagina. Para se alimentar de forma saudável e saborosa, você não precisa decorar tabelas. Comendo comida de verdade, e variando ao máximo os alimentos *in natura*, você naturalmente garante todos os nutrientes, micronutrientes e compostos bioativos de que precisa. O que deixa a dieta balanceada é a combinação de diversos alimentos — e quando se trata de combinar bem, o padrão tradicional brasileiro, essa dieta feita no decorrer de centenas de anos pela população, esbanja sabedoria. Se não fosse boa, não estaríamos mais aqui!

O pê-efe é o grande símbolo do padrão brasileiro. Com base nas nossas tradições e no *Guia Alimentar para a População Brasileira*, podemos pensar na seguinte composição básica: na metade do prato, vão as hortaliças (verduras e legumes); na outra metade, arroz e feijão (duas medidas de arroz para uma de feijão é uma boa proporção), e uma porção pequena de carne, ovo ou outra proteína animal. Ou, para quem não come carne, a outra metade pode ser toda de arroz com feijão. Na divisão dos grupos, você vai ver também que certos alimentos têm o mesmo papel nutricional (cereais, raízes e tubérculos). Por exemplo: se o prato tem arroz, não precisa ter purê de batata. Mas e se você quiser arroz com purê? Sem problemas, é só diminuir a quantidade de cada um para compor um prato equilibrado. Ou seja, na hora de montar aquele pê-efe delicioso, com direito a farofa, lembre-se de que ela é feita de farinha de mandioca e deve dividir o espaço com o arroz — não somar.

É importante lembrar que o grupo das hortaliças deve estar sempre presente. Isso não significa necessariamente preencher o prato do mesmo jeito toda vez. Que tal um acompanhamento à base de legumes? Ou usar alimentos desse grupo nas outras preparações, como uma carne moída com pimentão ou arroz com cenoura? Uma parte das hortaliças já está garantida!

Na sobremesa, uma fruta ou, de vez em quando, um doce. Um pedaço, não o pudim inteiro, que fique claro. Você pode se lembrar dessas proporções quando for comer fora, em restaurantes por quilo (dica: dê uma olhada geral no bufê para "planejar" seu prato antes de começar a se servir).

Nem toda refeição, porém, precisa ter os cinco grupos de alimentos. Se numa noite o jantar vai ser risoto de abobrinha e peixe grelhado, não há necessidade de incluir o feijão — nem combina! Mas você sabe que, no dia seguinte, pode compensar e montar um cardápio com feijão, lentilha ou grão-de-bico — que são alimentos do mesmo grupo. Isso ajuda a deixar a alimentação balanceada. Se a ideia é preparar uma massa rapidinha, inclua uma salada na entrada, invista em legumes no molho e termine a refeição com uma fruta. Olha que beleza de equilíbrio e praticidade.

Por isso o planejamento é tão importante: é na hora de bolar o menu com as refeições da semana e de ir às compras que você consegue garantir as escolhas mais acertadas para deixar a sua alimentação balanceada. Nesse planejamento, também vale se lembrar das pequenas refeições do dia. Leites e queijos, por exemplo, provavelmente vão aparecer no café da manhã. Para quem tem o hábito de comer entre as refeições, ter frutas à mão é sempre uma ótima alternativa.

Cozinhar a própria comida é a maneira mais eficiente de acertar nas combinações, nos temperos, nas quantidades. Não é incrível descobrir que dá para comer de tudo, desde que seja comida de verdade? Isso, sim, é manter uma alimentação saudável.

CONHEÇA
OS GRUPOS ALIMENTARES DO PÊ-EFE

Comer é simples. Você não precisa decorar tabela de nutrientes ou se preocupar em excluir alimentos do prato. É o contrário disso. Varie bastante, tentando fazer uma refeição com todos os grupos, explorando a versatilidade de cada alimento.

Dê uma olhada no prato, ops, no gráfico que montei para explicar. Simples, né? Pronto: é só seguir o exemplo que a sua alimentação também vai ser saudável e balanceada.

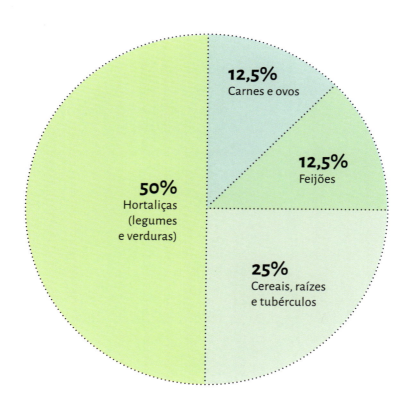

- **50%** Hortaliças (legumes e verduras)
- **12,5%** Carnes e ovos
- **12,5%** Feijões
- **25%** Cereais, raízes e tubérculos

Feijões	Além dos vários tipos de feijão (carioquinha, preto, fradinho, andu, branco, roxinho, bolinha, manteiguinha, entre outros), o grupo inclui outras leguminosas, como ervilha, lentilha e grão-de-bico. Isso significa que, no dia a dia, além de variar os tipos de feijão para servir com arroz (carioquinha, preto, branco e rosinha), você pode preparar lentilha ou grão-de-bico, que ficam ótimos ensopados. Grãos mais firmes, como dos feijões andu, bolinha, fradinho, manteiguinha e fradinho (que é usado no preparo do acarajé), também rendem ótimas saladas e mexidinhos — o feijão nem sempre precisa ser ensopado.
Cereais, raízes e tubérculos	Estes alimentos formam um grupo por cumprirem uma função nutricional semelhante: arroz (de todos os tipos), milho, trigo, macarrão (farinha e água), batata, batata-doce, mandioca, mandioquinha (batata-baroa), cará, inhame, entre outros. Você pode servir arroz, farinha e batata, mas eles devem dividir o espaço destinado ao arroz na composição do pê-efe.
Hortaliças (legumes e verduras)	A família aí é grande! Abóbora, abobrinha, acelga, almeirão... Só na letra A já tem um monte de opções com diferentes cores, texturas e possibilidades de preparo. O segredo é variar, porque cada alimento oferece uma composição nutricional única: quanto mais variada a alimentação, maior o leque de nutrientes. Mas você não precisa saber os nutrientes de cada alimento para deixar a alimentação saudável. O truque é variar as cores, e pronto: a ingestão de diferentes nutrientes está garantida. Vale lembrar que hortaliças não são apenas folhas nem se restringem a preparações frias. Quem gosta de texturas mais firmes pode investir em hortaliças assadas — brócolis, quiabo, repolho e acelga ficam incríveis no forno.
Carnes e ovos	Este grupo inclui carnes vermelhas, aves e pescados, ovos de galinha e de outras aves. Carnes podem ser simplesmente temperadas e grelhadas ou entrar em cozidos, ensopados e preparações de forno, só para citar alguns exemplos. Ovos são os reis da versatilidade (veja a página 54 para algumas sugestões). Para quem prefere excluir carne e ovos da dieta, há várias alternativas que garantem a dose de proteína no pê-efe. A mais simples é caprichar na porção de arroz e feijão. O grupo dos feijões, citado anteriormente, acrescenta boas proteínas à refeição vegetariana e fica ainda mais completo na companhia de um cereal. Outra alternativa é usar leite e derivados em preparações culinárias: abobrinha recheada com ricota, queijo de coalho grelhado, legumes gratinados com molho branco, lasanha de berinjela, polenta com queijo e saladas com molho de iogurte ou coalhada são alguns exemplos.

FRUTAS: No Brasil, somos especialmente privilegiados em relação a este grupo. Além da imensa variedade nativa, temos muitas outras espécies que se adaptaram bem por aqui. Manga, maracujá, jaca, jabuticaba, tangerina, uva — difícil é lembrar de uma fruta que a gente não encontre nesta terra. Terminar a refeição com uma fruta é um ótimo hábito — depois que você se acostuma, sente a maior falta quando não tem uma frutinha para encerrar o almoço ou jantar. E elas não precisam estar sempre *in natura*: podem ganhar complementos, como uma farofa crocante, ou ainda ser cozidas e virar uma sobremesa tentadora e muito saudável.

ARROZ SEM ERRO

Junto com o feijão, o arroz vira uma potência nutricional. Agora que você já sabe por que esse cereal não pode faltar na mesa, é hora de aprender a lidar com ele na prática. Com as dicas a seguir, você vai tirar de letra o preparo básico e nunca mais vai desperdiçar o arroz que sobrar da refeição.

Verdade que não precisa lavar o arroz?

Se for de uma boa marca, é verdade verdadeira, porque os grãos já passaram pelo processo para tirar o pozinho de amido residual do polimento (que deixa o grão mais grudento). Caso faça questão de lavar o arroz, não tem problema, também pode. Mas escorra muito bem antes de usar, porque os grãos molhados vão empapar no final do refogado.

Acerte na medida

Para cada xícara (chá) de arroz branco, calcule 2 xícaras (chá) de água. Se for integral, aumente para 3 xícaras (chá) de água. Essa quantidade serve 4 pessoas. Detalhe importante: a água deve estar fervendo — dessa forma, o arroz cozinha mais rápido, sem empapar. Lembre-se de colocar a chaleira no fogo antes de começar o refogado. Quer ter certeza de que vai pôr a medida exata? Coloque um pouco mais de 2 xícaras de água para ferver (se evaporar muito, não vai faltar) e meça de novo antes de regar no arroz.

Deu preguiça. Dá para pular o refogado?

Dá, sim! O resultado, no entanto, não fica igual — a etapa do refogado deixa o arroz mais soltinho e ajuda os grãos a absorverem o sabor dos temperos. Mas ninguém precisa perder o sono por causa disso. Faltou tempo ou paciência, faça assim: em ½ cebola, prenda 1 folha de louro com 1 cravo. Coloque numa panela com 2 xícaras (chá) de água e leve ao fogo médio. Quando ferver, acrescente 1 xícara (chá) de arroz, tempere com ½ colher (chá) de sal, um fio de azeite e misture. Abaixe o fogo, tampe parcialmente e deixe cozinhar por cerca de 15 minutos, ou até o arroz absorver toda a água. Desligue o fogo e espere mais 5 minutos antes de servir.

Lugar de arroz pronto é na tigela

Para servir o arroz, o ideal é usar uma tigela bem fundinha. O motivo é muito simples: quanto mais espalhado estiver o arroz no recipiente, mais rápido ele vai esfriar. Portanto, esqueça a travessa! Mas não pode deixar na panela? Não. Mesmo com o fogo desligado, o arroz continua cozinhando com o calor da panela, e todo o trabalho para deixar os grãos soltinhos vai por água abaixo. Entendeu por que uma tigela é a solução? Se tiver tampa, o arroz fica aquecido por mais tempo, sem passar do ponto — pode cobrir a tigela com um prato.

Sobrou? Que bom!

Na geladeira, o arroz pode ser guardado por até 3 dias (contando o dia do preparo). Só não deixe as sobras dando bobeira em temperatura ambiente para as bactérias não fazerem a festa — ele deve ser refrigerado rapidamente. Na hora de reaquecer, um pinguinho de água ajuda a reanimar os grãos. E quando sobra só aquele pouquinho de arroz, que nem vale a pena guardar? Vale, sim! Você pode utilizar um recipiente (ou saco próprio para alimentos) para ir juntando as sobras no congelador — e terá até 3 meses para usar.

Um bom motivo para fazer isso é esta receita de arroz frito: deixe 2 xícaras (chá) de arroz congelado em temperatura ambiente enquanto faz o pré--preparo. Leve ao fogo médio uma frigideira grande antiaderente, regue com 1 colher (sopa) de azeite e junte ½ cebola fatiada em meias-luas. Tempere com uma pitada de sal e deixe cozinhar por cerca de 5 minutos, mexendo de vez em quando, até dourar. Acrescente 1 colher (sopa) de azeite, ½ cenoura ralada, o arroz e mexa bem — ele vai terminar de descongelar e refogar na sequência. Quebre 2 ovos numa tigela e misture as claras com as gemas. Abra um buraco no centro do arroz e regue a frigideira com mais um fio de azeite. Junte os ovos, salsinha e cebolinha picada a gosto e misture tudo rapidamente. Tempere com sal e pimenta-do-reino.

RECEITA

Arroz branco soltinho

O arroz perfeito não requer mandinga nem dom natural, é pura técnica. Siga as proporções que dá certo!

SERVE **4 PORÇÕES** | PREPARO **30 MINUTOS**

1 XÍCARA (CHÁ) DE ARROZ

2 XÍCARAS (CHÁ) DE ÁGUA

½ CEBOLA

1 COLHER (SOPA) DE AZEITE

1 FOLHA DE LOURO

½ COLHER (CHÁ) DE SAL

1. Descasque e pique fino a cebola. Numa chaleira, leve um pouco mais de 2 xícaras (chá) de água ao fogo baixo para ferver.

2. Leve uma panela média ao fogo baixo. Quando aquecer, regue com o azeite e acrescente a cebola. Tempere com uma pitada de sal e refogue por 2 minutos, até murchar. Junte o louro e misture bem.

3. Acrescente o arroz e mexa por 1 minuto, para envolver todos os grãos com o azeite — isso ajuda a deixar o arroz soltinho depois de cozido. Meça 2 xícaras (chá) da água fervente e regue o arroz. Tempere com o sal, misture bem e aumente o fogo para médio. Não mexa mais.

4. Assim que a água atingir o mesmo nível do arroz, diminua o fogo e tampe parcialmente a panela. Deixe cozinhar até que o arroz absorva toda a água — para verificar se a água secou, fure o arroz com um garfo e afaste delicadamente os grãos do fundo da panela; se ainda houver água, deixe cozinhar mais um pouquinho.

5. Desligue o fogo e mantenha a panela tampada por 5 minutos antes de servir, para que o arroz termine de cozinhar no próprio vapor. Depois, solte os grãos com o garfo, transfira para uma tigela e sirva a seguir.

ARROZ NA PANELA ELÉTRICA

À primeira vista, a panela elétrica de arroz pode parece aquele tipo de geringonça que você usa uma vez e depois fica só ocupando espaço no armário. Que nada, é superprática! A grande vantagem dela é que você não precisa ficar de olho no cozimento, com medo de queimar o arroz. É só colocar os ingredientes, mais água fria, e ligar a panela. Quando os grãos estão no ponto, ela interrompe a cocção automaticamente e mantém o arroz aquecido. E o refogado? Alguns modelos têm a função refogar, mas na maioria dos casos o refogado tem que ser feito da forma tradicional, no fogão. Se quiser pular essa parte, o arroz também fica gostoso só com sal e azeite. Ou você pode cozinhar os grãos com 1/2 cebola pequena, espetada com 1 folha de louro e 1 cravo, para dar mais sabor, sem refogar. A medida de água muda um pouco em relação à panela convencional (a elétrica usa menos água). Para sempre dar certo, basta usar o copo dosador que vem junto com o eletrodoméstico e seguir as medidas que normalmente estão marcadas dentro da panela.

FEIJÃO ONTEM, HOJE, SEMPRE!

Dominar o preparo do feijão caseiro já eleva o cozinheiro para outra categoria. Mas não é difícil, não — só requer planejamento. Se você investir um tempinho para deixar os grãos cozidos e congelados, vai economizar minutos preciosos durante a semana e, o melhor, garantir feijão na mesa todo santo dia!

A estratégia

O preparo do feijão tem quatro etapas: o molho e o remolho, o cozimento dos grãos, o refogado e a finalização. Para facilitar a vida, o negócio é resolver as duas primeiras etapas e congelar para a semana inteira. Ou 15 dias, ou 1 mês — vai da sua disposição e do tamanho da sua panela de pressão e do seu freezer. Já o refogado e a finalização, que são pá-pum, você pode deixar para fazer no dia a dia — fica com aroma e sabor de feijão fresquinho.

Molho e remolho

A maioria dos feijões precisa passar de 8 a 12 horas de molho na água por dois bons motivos: os grãos cozinham mais rápido e se livram das substâncias que deixam o feijão indigesto e provocam gases. Além disso, hidratados dessa forma, eles cozinham por igual e não ficam quebradiços. Para o processo funcionar bem, o ideal é fazer o remolho, ou seja, trocar a água uma vez nesse período. Mas, *pelamor*, não precisa acordar de madrugada por causa do remolho! Planeje-se para encaixar o processo na sua rotina. Você pode pôr o feijão de molho à noite, trocar a água antes de dormir e cozinhar ao acordar. Ou pôr de molho de manhã, trocar a água antes de sair para o trabalho e cozinhar ao voltar. Na hora de levar para a panela, escorra de novo e coloque água limpa.

Demolho *express*

Esqueceu de deixar o feijão de molho? Tire o atraso com o demolho curto: coloque numa panela comum o feijão lavado e coberto com água, leve ao fogo alto e, quando começar a ferver, desligue e tampe. Deixe hidratar por 1 hora e escorra. Pronto, já está no jeito para ir para o cozimento.

Cozimento

A panela de pressão reduz o tempo de cozimento dos alimentos para até um terço, o que é uma mão na roda no caso do feijão — em 10 minutos o carioquinha está pronto. Para cada xícara (chá) de feijão seco, calcule 3 xícaras (chá) de água. Se for cozinhar na panela convencional, reserve mais tempo e mais água. No caso do feijão carioca, para 1 xícara (chá) de feijão seco, calcule 2 litros de água e 1 hora de cozimento.

Congelamento e descongelamento

Uma xícara (chá) de feijão seco, depois de cozido, costuma render para 4 pessoas. Mas cada um sabe o tamanho da sua fome, certo? Ao congelar o feijão (sem tempero, não custa lembrar), porcione de acordo com o consumo diário da casa. Você pode usar um pote de vidro, um marmitex ou um saco plástico próprio para isso. Em todos os casos, preencha apenas três quartos do espaço (líquidos expandem ao se solidificar). O feijão deve ser levado ao congelador quando estiver frio, para evitar que o vapor forme cristais de gelo. Mas não deixe esfriando em temperatura ambiente — o mais seguro é colocar o feijão morno na geladeira. Quando esfriar, divida em porções e congele por até 3 meses. O feijão ensopado de todo dia deve ser congelado com o líquido do cozimento. Já os grãos que não dão caldo, como fradinho e guandu, devem ser escorridos antes do congelamento.

Para descongelar, não tem segredo: feijões sem caldo vão do congelador para a água fervente. Feijões com caldo devem ir para a geladeira na véspera do preparo. No dia, faça o refogado, coloque algumas colheradas do feijão já descongelado com o líquido, amasse e depois despeje o restante. Cozinhe em fogo baixo até engrossar. Não descongelou com antecedência? Sem drama: se a porção for pequena e estiver num saco plástico ou marmitex, é só fazer o refogado, tirar o feijão congelado da embalagem e colocar direto na panela, para descongelar e engrossar. No caso de porções maiores, em potes de vidro, descongele em banho-maria — coloque o pote numa panela com um pouco de água e deixe esquentando no fogo, enquanto corta os ingredientes e prepara o refogado.

RECEITA

Feijão caseiro

Este é o preparo básico do grande clássico brasileiro: não é um simples prato, é um orgulho nacional! Com o tempo, você pode testar outros temperos no refogado, até chegar a uma receita para chamar de sua.

SERVE 8 PORÇÕES | PREPARO **30 MINUTOS + 12 HORAS PARA O REMOLHO**

PARA O MOLHO E O REMOLHO

2 XÍCARAS (CHÁ) DE FEIJÃO-CARIOCA   4 XÍCARAS (CHÁ) DE ÁGUA

1. Coloque o feijão numa peneira e lave sob água corrente. Transfira os grãos para uma tigela e cubra com a água — se algum boiar, descarte.

2. Cubra a tigela com um prato e deixe o feijão de molho por 12 horas. Troque a água uma vez nesse período — o remolho diminui o tempo de cozimento e elimina as substâncias que deixam o feijão indigesto.

PARA COZINHAR

6 XÍCARAS (CHÁ) DE ÁGUA

½ CEBOLA

1 DENTE DE ALHO

2 COLHERES (SOPA) DE AZEITE

2 FOLHAS DE LOURO

SAL E PIMENTA-DO-REINO MOÍDA NA HORA A GOSTO

1. Descarte a água do remolho. Transfira os grãos para a panela de pressão, cubra com a água e junte as folhas de louro.

2. Tampe a panela e leve ao fogo alto. Assim que começar a apitar, abaixe o fogo e deixe cozinhar por mais 10 minutos. Desligue o fogo e deixe todo o vapor sair antes de abrir a panela.

3. Enquanto o feijão cozinha, descasque e pique fino a cebola e o dente de alho.

4. Leve uma frigideira ao fogo baixo. Quando aquecer, regue com o azeite, junte a cebola e tempere com uma pitada de sal. Refogue por 3 minutos, até murchar, adicione o alho e mexa por mais 1 minuto, para perfumar.

5. Divida e reserve metade do feijão cozido para congelar.

6. Acrescente 2 conchas do feijão cozido, com um pouco do caldo, à frigideira. Misture e amasse os grãos com a espátula — esse purê ajuda a engrossar o caldo. Transfira o refogado com os grãos amassados para a panela com o restante do feijão cozido. Tempere com sal e pimenta a gosto, misture e deixe cozinhar em fogo baixo, sem tampa, por mais 10 minutos, ou até o caldo engrossar — esse tempo pode variar de acordo com a consistência desejada, mais rala ou mais cremosa. Mexa de vez em quando para não grudar no fundo da panela. Desligue o fogo e sirva a seguir.

Pê-efe: carne

Carne moída com mandioca assada + arroz com queijo de coalho grelhado + feijão-preto com tomate e folhas de coentro + salada de verdes

Precisa de mais um estímulo para esquecer de vez os produtos ultraprocessados? Compre um quilo de carne moída. Olha que coisa mais prática: não precisa tirar nervos ou gorduras nem fatiar e já vem prontinha para usar. Vira hambúrguer, almôndega, quibe, kafta, bolo de carne... Mas, neste pê-efe, ela ganha uma dose de cerveja preta para ficar com um molho encorpado e saboroso. Com um arroz e feijão simples, já faria um almoço fantástico. Mas a ideia aqui é ampliar os seus horizontes culinários. Topa o desafio? O arroz vai ganhar queijo de coalho grelhado; o feijão, preto, leva tomate no preparo e coentro para finalizar. O acompanhamento vai ser uma irresistível mandioca crocante.

Se você está atento aos conceitos nutricionais espalhados pelo livro, sabe que a mandioca faz parte do grupo dos alimentos dos cereais, raízes e tubérculos e, por isso, deve dividir o espaço no prato com o arroz. E vai perceber que, ainda que haja cebola, tomate e pimentão no preparo do arroz, do feijão e da carne, proporcionalmente falta um pouco mais de hortaliças para deixar a refeição bem balanceada. Por isso, incluir a salada de verdes é importante. Para completar o cardápio, só falta uma fruta na sobremesa — que você pode escolher no final no capítulo. Assim, você mantém o cardápio balanceado e saboroso.

PÊ-EFE PARA O ALMOÇO 87

Utensílio indispensável

Uma assadeira grande e antiaderente, mas rasa, não pode faltar na cozinha. Os pedaços de mandioca — e legumes em geral — precisam de espaço entre eles para o ar circular enquanto assam. É isso que garante a crocância da preparação. Se ficarem todos amontoados, pode esquecer os palitinhos de mandioca dourados e crocantes. Outras regrinhas: o forno precisa ser preaquecido, os palitos devem ter tamanho uniforme e ser untados com azeite. Feito isso, você pode deixar a mandioca no forno e ir resolver outras coisas. Só precisa virar os palitos uma única vez, na metade do tempo — bem mais fácil do que aquela dedicação exclusiva que a fritura pede.

Além de ser ótima para preparar legumes ao forno, a assadeira também pode ser usada para assar carnes, pães, biscoitos, suspiros e muito mais.

Lista de compras

NA DESPENSA		ESPECÍFICOS
. Alho	. Farinha de trigo	. Carne moída
. Azeite	. Louro	. Cebolinha
. Cebola	. Pimenta-do-reino	. Cerveja preta
. Extrato de tomate	. Sal	. Mandioca
		. Pimentão vermelho

Plano de ataque

A estratégia é começar pelo que demora mais para cozinhar — no caso, a mandioca. O forno já deve ser preaquecido no início, para estar pelando na hora em que os palitos forem colocados lá.

PESSOA 1	PESSOA 2
Preaqueça o forno. Corte, descasque e lave a mandioca, caso não tenha comprado já descascada, que é o ideal. Leve a mandioca para cozinhar na pressão.	Retire a carne da geladeira e separe todos os ingredientes que vão ser utilizados na receita.
Depois que a mandioca estiver cozida, escorra e corte os pedaços em palitos. Coloque a mandioca para assar.	Faca na mão, pique os ingredientes (cebola, alho, pimentão e cebolinha).
Fique atento para virar os palitos na metade do cozimento.	Refogue a carne até dourar, reserve e comece a segunda etapa do refogado.
Enquanto a mandioca termina de assar, coloque a mesa.	Finalize o preparo da carne.

feijão + arroz

O feijão está congelado e não tem arroz pronto? Dividindo tarefas tudo fica mais fácil. Enquanto um descongela e refoga o feijão (página 84), o outro prepara o arroz fresquinho (página 80).

RECEITA

Pê-efe de carne moída com mandioca assada

Um dos segredos para deixar a cozinha mais prática é preparar uma boa quantidade da receita, porcionar e congelar. Assim, você não precisa começar a refeição inteira do zero todas as vezes. Por isso, neste cardápio, a nossa sugestão é preparar carne moída a mais — ela congela superbem. Já os palitos de mandioca precisam ser assados na hora. Mas você pode cozinhar no dia anterior.

PARA OS PALITOS DE MANDIOCA

SERVE **2 PESSOAS** | PREPARO **20 MINUTOS + 40 MINUTOS NO FORNO**

500 G DE MANDIOCA DESCASCADA	SAL E PIMENTA-DO-REINO MOÍDA
2 COLHERES (SOPA) DE AZEITE	NA HORA A GOSTO

1. Preaqueça o forno a 220 °C (temperatura alta).

2. Coloque os pedaços de mandioca na panela de pressão e cubra com água, sem ultrapassar o nível máximo de dois terços da panela. Tampe e leve a panela ao fogo alto. Quando começar a chiar, abaixe o fogo e deixe cozinhar por mais 5 minutos — a mandioca deve estar cozida, mas ainda firme para ser cortada em palitos. Desligue o fogo e deixe todo o vapor sair antes de abrir a panela.

3. Transfira a mandioca cozida para um escorredor. Deixe secar bem e amornar o suficiente para você conseguir manusear os pedaços. Corte em palitos de cerca de 2 cm de espessura. Transfira para a assadeira, regue com o azeite e misture bem com as mãos. Espalhe os palitos e tempere com sal e pimenta-do-reino a gosto.

4. Leve ao forno para assar por cerca de 40 minutos, até os pedaços ficarem dourados — na metade do tempo, vire com uma espátula para assar por igual.

PARA A CARNE MOÍDA – FAÇA A MAIS, PORCIONE E CONGELE!

SERVE **4 PESSOAS** | PREPARO **45 MINUTOS**

1 KG DE CARNE MOÍDA (PATINHO)

1 LATA DE CERVEJA PRETA (350 ML)

1 PIMENTÃO VERMELHO EM CUBOS PEQUENOS

1 CEBOLA PICADA FINO

3 DENTES DE ALHO PICADOS FINO

¼ DE XÍCARA (CHÁ) DE FARINHA DE TRIGO

2 COLHERES (SOPA) DE EXTRATO DE TOMATE

1 XÍCARA (CHÁ) DE ÁGUA

3 COLHERES (SOPA) DE AZEITE

1 FOLHA DE LOURO

6 TALOS DE CEBOLINHA FATIADOS

SAL E PIMENTA-DO-REINO MOÍDA NA HORA A GOSTO

1. Retire a carne moída da geladeira e deixe em temperatura ambiente enquanto prepara os outros ingredientes — ela não pode estar gelada na hora de ir para a panela. Leve pouco mais de 1 xícara (chá) de água para ferver (assim, o pouco que evaporar não vai interferir na medida da receita).

2. Leve uma panela grande ao fogo médio. Quando aquecer, regue com 2 colheres (sopa) de azeite e acrescente a carne. Espalhe bem no fundo da panela para dourar melhor. Polvilhe com a farinha de trigo e deixe dourar por 4 minutos, mexendo de vez em quando com a espátula para soltar os pedaços de carne. Se sua panela for pequena, doure a carne em duas etapas.

3. Transfira a carne para uma tigela e mantenha a panela em fogo médio. Regue com o azeite restante, junte a cebola e o pimentão, tempere com uma pitada de sal e refogue por 3 minutos, raspando bem o fundo da panela — os queimadinhos da carne são essenciais para dar sabor ao preparo. Acrescente o alho, o louro e mexa por mais 1 minuto, para perfumar.

4. Adicione o extrato de tomate e misture bem. Regue com a cerveja preta, junte a água fervente, tempere com sal e pimenta e deixe cozinhar até ferver.

5. Volte a carne dourada para a panela e misture bem. Abaixe o fogo e deixe cozinhar por mais 10 minutos, até o molho encorpar — o álcool da cerveja vai evaporar. Misture a cebolinha fatiada e sirva a seguir, acompanhada dos palitos de mandioca, arroz com queijo de coalho e feijão-preto com tomate e folhas de coentro.

AGILIZE A MARMITA

Sobrou carne moída? Não deixe por menos. Compre 2 minipães franceses e monte sanduíches no melhor estilo "buraco quente" para comer no trabalho. E leve uma saladinha para acompanhar.

PARA VARIAR NO ARROZ E FEIJÃO

ARROZ COM QUEIJO DE COALHO GRELHADO: Prepare 1 xícara (chá) de arroz como indicado na receita básica. Naqueles últimos minutos em que os grãos terminam de cozinhar no próprio vapor, com o fogo já desligado, aproveite para aquecer uma frigideira grande, de preferência antiaderente, no fogo médio. Adicione 1 colher (chá) de manteiga. Quando derreter, junte 150 g de queijo de coalho cortado em cubos (cerca de 1 xícara) e deixe dourar por 5 minutos, mexendo de vez em quando. Solte os grãos de arroz recém-cozido com um garfo e descarte a folha de louro. Transfira para uma tigela, junte os cubos de queijo e misture delicadamente. Sirva a seguir.

FEIJÃO-PRETO COM TOMATE E FOLHAS DE COENTRO: Siga os procedimentos de remolho para 1 xícara (chá) de feijão-preto. Descarte a água do remolho, transfira os grãos para a panela de pressão, acrescente 3 xícaras (chá) de água e tampe. Quando começar a chiar, abaixe o fogo e conte 15 minutos. Desligue o fogo e deixe toda a pressão sair antes de abrir a tampa. Reserve. Aqueça uma frigideira em fogo médio, regue com 1 colher (sopa) de azeite e junte ½ cebola picada fino. Tempere com uma pitada de sal e refogue por 3 minutos, até murchar. Junte 1 dente de alho picado e 1 tomate em cubos pequenos. Mexa por mais 1 minuto. Junte 2 conchas do feijão com um pouco do caldo e mexa bem, amassando os grãos com a espátula — esse purezinho ajuda a engrossar o caldo. Junte o refogado ao feijão cozido e misture bem. Tempere com sal e pimenta-do-reino moída na hora a gosto e deixe cozinhar por mais 20 minutos em fogo médio (sem a tampa), ou até o caldo engrossar. Desligue o fogo e misture folhas de coentro picadas a gosto.

Pê-efe: peixe

Roseta de peixe com farofa de quiabo + arroz-cateto integral + lentilha + salada de verdes

Em muitos restaurantes, sexta-feira é dia de servir peixe no pê-efe. Em casa não precisa esperar o fim da semana: você pode se programar para incluir o peixe no dia da feira, por exemplo, ou quando encontrar opções bem fresquinhas no mercado. Com o pescado comprado já limpo e cortado em filés, o preparo fica moleza: peixe pede um mínimo de tempero e cozinha num instante. Quer agilizar mais ainda o processo? Corte os filés ao meio, no sentido do comprimento, e enrole as tiras, formando rosetas. Dessa maneira, você pode acomodar todos os filés na frigideira, em vez de preparar um por um — e esse método ainda vem com o bônus de render uma apresentação caprichada. Para acompanhar, uma farofinha com sotaque caipira, de farinha de milho, que leva bastante quiabo. Fica um espetáculo de boa — e ainda garante uma parte da porção de hortaliças no prato.

No departamento do arroz e feijão, a sugestão é usar o arroz-cateto em versão integral e trocar a leguminosa: vamos de lentilha? Não requer pressão nem precisa ficar de molho — cai como uma luva para aqueles dias em que não deu para fazer o pré-preparo do feijão. Já o cateto integral, que demora mais para cozinhar do que os grãos brancos, pode ser feito na panela de pressão para agilizar. Como é rico em fibras, que dão a sensação de saciedade, vai ajudar a deixar todo mundo satisfeito e feliz com esse almoço leve, que tem um pé na praia e outro na roça. Saladinha de verdes acompanha.

Lista de compras

NA DESPENSA	ESPECÍFICOS
- Alho - Azeite - Cebola - Farinha de milho amarela flocada - Manteiga - Pimenta-do-reino - Sal - Vinho branco - Palitos de dente	- Filé de linguado - Quiabo

Plano de ataque

Como a farofa fica gostosa mesmo em temperatura ambiente, o negócio é começar por ela. Depois de finalizar o preparo, dá tempo de dar aquela geral na pia, enquanto a outra pessoa termina de fazer o peixe.

PESSOA 1	PESSOA 2
Separe os ingredientes da farofa. Lave, seque e corte o quiabo; descasque e pique a cebola.	Tire o peixe da geladeira, separe o vinho e as especiarias.
Prepare a farofa.	Corte os filés de peixe ao meio, tempere e monte as rosetas.
Com a farofa pronta, aproveite para lavar a louça e colocar a mesa.	Prepare as rosetas na frigideira.

lentilha + arroz

Vamos trocar o feijão? Enquanto um prepara o arroz-cateto integral na pressão, o outro cozinha a lentilha, que fica pronta rapidinho, na panela convencional. As duas receitas estão na página 99.

RECEITA

Pê-efe de roseta de peixe com farofa de quiabo

Os rolinhos de peixe vão todos de uma vez para a frigideira, cozinham no vinho branco e ficam bem úmidos, para se juntarem à farofa de milho: pê-efe leve, servido na maior elegância!

SERVE **2 PESSOAS** | PREPARO **30 MINUTOS**

PARA A FAROFA

150 G DE QUIABO (CERCA DE 10 UNIDADES)

⅔ DE XÍCARA (CHÁ) DE FARINHA DE MILHO FLOCADA

½ CEBOLA

50 G DE MANTEIGA

SAL E PIMENTA-DO-REINO MOÍDA NA HORA A GOSTO

1. Lave e seque bem os quiabos com um pano de prato limpo. Descarte as pontas e corte cada um em fatias de cerca de 2 cm, na diagonal. Descasque e pique fino a cebola.

2. Leve uma frigideira grande com a manteiga ao fogo médio. Quando derreter, junte a cebola, tempere com uma pitada de sal e refogue por 3 minutos, até murchar. Junte o quiabo e refogue por 5 minutos, mexendo de vez em quando — não mexa muito para ele não soltar muita baba e amolecer.

3. Junte a farinha aos poucos, mexendo com a espátula para incorporar. Desligue o fogo, tempere com sal e pimenta a gosto. Reserve.

PARA O PEIXE

2 FILÉS DE LINGUADO (CERCA DE 400 G)

½ XÍCARA (CHÁ) DE VINHO BRANCO

2 DENTES DE ALHO

1 COLHER (SOPA) DE AZEITE

SAL A GOSTO

PALITOS DE DENTE PARA MONTAR AS ROSETAS

FOLHAS DE HORTELÃ E SALSINHA A GOSTO PARA SERVIR

1. Tempere os filés de linguado com sal a gosto. Corte cada filé ao meio, no sentido do comprimento, formando 2 tiras. Enrole cada tira sobre si mesma, montando a roseta, e prenda com palitos de dente. Repita com os outros filés até formar 4 rosetas.

2. Amasse os dentes de alho com a lateral da lâmina da faca e descarte as cascas.

3. Numa frigideira de borda alta, coloque o vinho e leve ao fogo médio. Deixe ferver por 1 minuto, para evaporar o álcool (se preferir, cozinhe o peixe apenas em água com caldo de limão).

4. Junte os dentes de alho, acrescente as rosetas com a abertura para cima e complete com água até cobrir a metade dos peixes. Regue com o azeite e aumente o fogo.

5. Assim que começar a ferver, diminua o fogo, tampe e deixe cozinhar por cerca de 5 minutos, até que os peixes estejam cozidos, mas ainda firmes — se cozinhar demais, o peixe pode desmanchar. Finalize com as folhas de ervas frescas e sirva a seguir com a farofa de quiabo.

PARA VARIAR NO ARROZ E FEIJÃO

ARROZ-CATETO INTEGRAL: Leve a panela de pressão (sem tampa) ao fogo médio. Quando aquecer, refogue ½ cebola picada fino e 1 folha de louro em 1 colher (sopa) de azeite. Tempere com 1 colher (chá) de sal e refogue até murchar. Adicione 1 xícara (chá) de arroz-cateto integral e mexa por mais 1 minuto, para envolver todos os grãos no azeite. Regue com 2 xícaras (chá) de água e misture bem. Tampe a panela e deixe cozinhar em fogo alto. Quando começar a chiar, abaixe o fogo e deixe cozinhar por mais 15 minutos. Desligue o fogo e deixe todo o vapor sair antes de abrir a panela. Solte os grãos com um garfo, transfira para uma tigela e sirva a seguir.

LENTILHA: Leve uma panela média ao fogo médio. Quando aquecer, regue com 2 colheres (sopa) de azeite e refogue 1 cebola picada fino por 5 minutos, até dourar. Acrescente 1 dente de alho picado, ½ colher (chá) de cominho em pó, 1 folha de louro e 1 xícara (chá) de lentilha. Tempere com sal e pimenta-do-reino moída na hora a gosto e misture bem. Regue com 1 litro de água. Quando ferver, abaixe o fogo e deixe cozinhar por mais 30 minutos, com a tampa entreaberta, mexendo de vez em quando, até os grãos ficarem macios e o caldo encorpar. Mexa de vez em quando e amasse alguns grãos com a espátula. Sirva a seguir.

COM A SOBRA, PREPARE UMA SOPA DE LENTILHA: A esta altura do livro, você já deve ter no congelador um pouco de cenoura ralada e salsão picado para agilizar um refogado rápido (se não tem, dê uma espiada nas dicas de armazenamento da página 27). São atalhos ótimos para usar em receitas como esta sopa de lentilha: leve uma panela ao fogo médio, regue com 1 colher (sopa) de azeite e refogue ½ cebola picada fino com uma pitada de açúcar e uma de sal por 5 minutos, até ficar bem dourada. Junte mais um fio de azeite, ¼ de xícara (chá) de cenoura ralada e ¼ de xícara (chá) de salsão picado, tempere com uma pitada generosa de cominho em pó e refogue até murchar. Adicione 1½ xícara (chá) de lentilha cozida (com caldo), 1½ xícara (chá) de água e deixe cozinhar por 5 minutos contados depois da fervura. Desligue o fogo e bata a sopa com o mixer dentro da própria panela, misture caldo de limão a gosto, prove e tempere com sal e pimenta a gosto (lembre-se de que a lentilha já estava temperada). Transfira para duas garrafinhas e mantenha na geladeira até a hora de servir.

Pê-efe: porco

Escalopinho de lombo com bacon e sálvia e couve-flor grelhada + arroz com cenoura + feijão-branco com molho de tomate + salada de verdes

Carne de porco é uma opção deliciosa e econômica que muitas vezes a gente esquece de incluir no cardápio do dia a dia (a não ser que você seja de Minas, onde o povo sabe que esse trem é bom demais!). E é mais fácil de preparar do que se imagina por aí. Com escalopinhos de lombo, você faz uma versão mais simples, mas tão saborosa quanto, da clássica *saltimbocca alla romana*, que tradicionalmente leva vitelo. As folhas de sálvia da receita original permanecem e o bacon entra no lugar do presunto cru. Resultado? Uma carne úmida e aromática, para deixar o almoço do meio da semana com jeito de festa. Quer deixar o arroz em clima de comemoração também? Acrescente uma cenoura ralada ao preparo. É incrível como algo simples assim muda o sabor e o visual do básico de todo dia. E já que é para variar nas cores, que tal um feijão-branco no molho vermelho? De sabor suave, o feijão-branco é macio e rende um caldo cremoso. Depois do procedimento-padrão de remolho, ele já pode ser cozido junto com os temperos. Por fim, para completar o prato, floretes de couve-flor douradinhos na frigideira. Isso é um pê-efe ou um banquete, minha gente?

PÊ-EFE PARA O ALMOÇO **101**

Lista de compras

NA DESPENSA	ESPECÍFICOS
- Azeite - Pimenta-do-reino - Sal - Palitos de dente	- Bacon - Couve-flor - Escalopes de lombo de porco - Folhas de sálvia

Plano de ataque

O tempo gasto montando os rolinhos é tempo economizado na hora de fritar os escalopes: cabem todos de uma vez numa frigideira grande. Enquanto uma pessoa faz a montagem, a outra doura os floretes de couve-flor.

PESSOA 1	PESSOA 2
Corte, lave e seque a couve-flor.	Tire os escalopes da geladeira e separe as folhas de sálvia para a montagem.
Grelhe a couve-flor aos poucos, sem deixar os floretes amontoados.	Monte os escalopinhos.
Na mesma frigideira, doure os escalopinhos e, depois, as folhas de sálvia restantes.	Coloque a mesa e deixe a pia nos trinques.

feijão + arroz

O feijão está congelado e não tem arroz pronto? Dividindo tarefas tudo fica mais fácil. Enquanto um descongela e refoga o feijão (página 84), o outro prepara o arroz fresquinho (página 80). Tem sugestão de variações para este cardápio na página 105.

RECEITA

Pê-efe de escalopinho de lombo com bacon e sálvia e couve-flor grelhada

Folhas de sálvia fritas, bem crocantes, são uma perdição! Aqui, elas entram em dose dupla: na finalização do prato e espetadas nos escalopinhos. E dá-lhe porco!

SERVE **2 PESSOAS** | PREPARO **40 MINUTOS**

PARA A COUVE-FLOR

½ COUVE-FLOR

AZEITE A GOSTO

SAL E PIMENTA-DO-REINO MOÍDA NA
HORA A GOSTO

1. Descarte as folhas e corte a couve-flor em floretes pequenos, do tamanho de um bocado. Transfira para uma peneira ou escorredor e lave sob água corrente. Em seguida, deixe escorrer bem — quanto mais sequinha, mais dourada a couve-flor fica.

2. Leve uma frigideira média, de preferência antiaderente, ao fogo médio. Quando aquecer, regue com um fio de azeite e junte quantos floretes couberem, sem amontoar um sobre o outro. Tempere com sal e pimenta a gosto e deixe dourar por cerca de 6 minutos. Na metade do tempo, vire com uma pinça para dourar os dois lados por igual.

3. Transfira os floretes dourados para uma travessa e repita com o restante. Cubra com papel-alumínio para não esfriar enquanto prepara os escalopinhos.

Dica: E a outra metade da couve-flor, o que a gente faz com ela? Branqueia! Essa técnica aumenta a durabilidade da hortaliça, que fica prontinha para outras preparações. É bem simples: mergulhe os floretes em água fervente com 1 colher (chá) de sal e 1 de vinagre, deixe por 2 minutos e transfira com uma escumadeira para uma tigela com água e gelo — o choque térmico cessa o cozimento e mantém a textura da hortaliça. Deixe escorrer bem a água antes de armazenar. Você pode deixar os floretes na geladeira por até 3 dias (tempere e sirva como salada, bem fresquinha) ou no congelador por até 3 meses (os floretes vão direto para a panela, ainda congelados, para serem refogados com alho e azeite ou para cozinhar com outros vegetais e virar sopa).

PARA OS ESCALOPINHOS

250 G DE ESCALOPES DE LOMBO DE PORCO
(CERCA DE 8 UNIDADES)

2 FATIAS DE BACON

FOLHAS DE SÁLVIA A GOSTO

AZEITE A GOSTO

SAL E PIMENTA-DO-REINO MOÍDA NA HORA A GOSTO

1. Separe alguns palitos de dente para fechar os escalopinhos.

2. Corte cada fatia de bacon em 4 pedaços. Tempere os escalopes com sal e pimenta-do-reino a gosto. Enrole cada escalope sobre si mesmo e prenda com um palito de dente, espetando um pedaço de bacon e uma folha de sálvia na emenda.

3. Leve a frigideira da couve-flor (nem precisa lavar) ao fogo médio. Quando aquecer, regue com ½ colher (sopa) de azeite e coloque todos os rolinhos com a parte do bacon para baixo. Deixe dourar por 2 minutos de cada lado, mexendo de vez em quando. Transfira para uma travessa e mantenha a frigideira em fogo médio.

4. Regue com mais um fio de azeite e coloque algumas folhas de sálvia. Deixe fritar 1 minuto, até perfumar. Sirva os escalopinhos a seguir com a sálvia frita, a couve-flor grelhada, arroz com cenoura e feijão-branco com molho de tomate.

....

PARA VARIAR NO ARROZ E FEIJÃO

....

ARROZ COM CENOURA: Leve uma panela média ao fogo baixo. Refogue 1 cenoura ralada fino e ½ cebola picada fino em 1½ colher (sopa) de azeite. Tempere com 1 colher (chá) de sal e refogue por 2 minutos, até murchar. Acrescente 1½ xícara (chá) de arroz, 1 folha de louro e mexa bem. Meça 3 xícaras (chá) de água fervente e regue sobre o arroz, misture bem e aumente o fogo para médio. Deixe cozinhar até que o arroz absorva toda a água — siga os passos indicados na receita do arroz soltinho (página 80). Desligue o fogo e mantenha a panela tampada por mais 5 minutos, para que os grãos terminem de cozinhar no próprio vapor. Solte os grãos com um garfo, misturando delicadamente com a cenoura. Transfira para uma tigela e sirva a seguir.

FEIJÃO-BRANCO COM MOLHO DE TOMATE: Siga os procedimentos de remolho para 1 xícara (chá) de feijão-branco. Leve a panela de pressão (sem a tampa) ao fogo médio e refogue 1 cebola picada fino em 1½ colher (sopa) de azeite. Tempere com uma pitada de sal e refogue por 5 minutos, até dourar. Junte 3 dentes de alho picados fino, 5 ramos de tomilho e 2 folhas de louro e mexa por 1 minuto, apenas para perfumar. Acrescente aos poucos 1 lata de tomate pelado em cubos (com o líquido), raspando os queimadinhos do fundo da panela — esse processo dá mais sabor ao molho. Tempere com sal e pimenta-do-reino a gosto, junte o feijão, 2 xícaras (chá) de água e misture bem. Tampe a panela e aumente o fogo para alto. Quando começar a apitar, abaixe o fogo e deixe cozinhar por mais 15 minutos. Passado o tempo de cozimento, desligue o fogo e deixe todo o vapor sair antes de abrir a panela. Prove e acerte o sal e a pimenta. Sirva o feijão com o molho que se formou na panela.

....

Pê-efe: frango

Coxa e sobrecoxa assadas com laranja + arroz com curry + feijão com beterraba + salada de verdes

Bateu aquela vontade de um franguinho assado no meio da semana, mas falta tempo para rechear, amarrar e ficar regando a ave no forno? Tem uma alternativa mais rápida do que preparar um frango inteiro, igualmente tentadora: vá de coxa e sobrecoxa, cortes carnudos e muito saborosos. Depois de lambuzar o frango com a manteiga temperada com especiarias, é só levar para assar e deixar o forno fazer o resto do trabalho — vale preparar uma quantidade extra, porque a sobra vai ser meio caminho andado para marmitas e outras refeições. Outra facilidade: cebolas inteiras entram junto na assadeira e já fazem o papel de acompanhamento, juntamente com pedaços de laranja, que você pode espremer sobre tudo na hora de comer. Aromática, essa receita forma um par perfeito com o arroz perfumado com curry. Basta um pouquinho desse tempero no refogado, e pronto: o arroz que era branquinho básico ganha ares exóticos de comida indiana. O pê-efe tem ainda um feijão diferentão, turbinado com um pouco de beterraba: mais cor, mais sabor e mais saúde no prato!

Utensílio indispensável

Já falamos que uma assadeira rasa é essencial, né? Uma assadeira mais funda (ou um refratário de vidro ou cerâmica) também é importante. O utensílio de borda alta evita que o líquido do assado se derrame pelo forno e ainda pode ser usado para fazer tortas, escondidinho, bacalhoada... Serviço não vai faltar para essa peça.

Lista de compras

NA DESPENSA		ESPECÍFICOS
. Alho	. Louro	. Alecrim
. Canela em pó	. Manteiga	. Coxa e sobrecoxa de frango
. Cebola	. Pimenta-do-reino	. Laranja-baía
. Cominho em pó	. Sal	. Pimenta dedo-de-moça
. Cravo em pó		

Plano de ataque

O prático desta receita é que nada é cortado miudinho. É só tirar uma tampa aqui, cortar em quartos ali e está lindo. Nesse meio-tempo, a outra pessoa cuida de passar a manteiga temperada no frango. Aí, é só juntar tudo na assadeira e esperar as belezinhas dourarem.

PESSOA 1	PESSOA 2
Preaqueça o forno e retire o frango da geladeira. Deixe as especiarias à mão.	Separe e higienize os demais ingredientes. Faça as raspas de laranja, corte as cebolas e a cabeça de alho.
Prepare a manteiga temperada e tempere o frango já na assadeira.	Esprema o suco de laranja e corte a outra laranja.
Coloque os demais ingredientes na assadeira, tempere e leve para assar.	Hora de dar aquela geral na pia e colocar a mesa.

feijão + arroz

Enquanto um descongela e refoga o feijão (página 84), o outro se responsabiliza pelo preparo do arroz (página 80). Lembrando que, na geladeira, eles podem ser guardados prontos e temperados por até 3 dias!

RECEITA

Pê-efe de coxa e sobrecoxa assadas com laranja

Nem só de peito se faz um frango! Os cortes com osso são suculentos e saborosíssimos. Aproveite que o forno está ligado para assar junto o acompanhamento: cebolas inteiras, com folhas de alecrim, que ficam macias e adocicadas.

SERVE 4 PESSOAS | **PREPARO 30 MINUTOS + 1 HORA NO FORNO**

4 COXAS DE FRANGO, COM PELE E OSSO	UMA PITADA DE CANELA EM PÓ
4 SOBRECOXAS DE FRANGO, COM PELE E OSSO	UMA PITADA DE CRAVO EM PÓ
4 CEBOLAS	1 MAÇO DE LOURO FRESCO
75 G DE MANTEIGA EM PONTO DE POMADA	3 RAMOS DE ALECRIM
2 DENTES DE ALHO	1 CABEÇA DE ALHO INTEIRA PARA ASSAR
2 LARANJAS-BAÍA	4 PIMENTAS DEDO-DE-MOÇA INTEIRAS
1 COLHER (CHÁ) DE COMINHO EM PÓ	SAL E PIMENTA-DO-REINO MOÍDA NA HORA A GOSTO

1. Preaqueça o forno a 220 °C (temperatura alta).

2. Prepare a manteiga temperada: se ainda estiver firme, coloque numa tigela e leve para rodar por alguns segundos no micro-ondas. Descasque 2 dentes de alho e bata num pilão com ½ colher (chá) de sal, o cominho, o cravo e a canela, até formar uma pastinha. Junte à manteiga, acrescente as raspas de 1 laranja e misture bem.

3. Coloque os pedaços de frango numa assadeira grande e, com as mãos, espalhe bem a manteiga temperada por cima e por baixo da pele de cada pedaço. Esprema o caldo da laranja (utilizada para as raspas) e despeje na assadeira com mais ½ xícara (chá) de água — para o frango não ressecar.

4. Lave e seque as cebolas e corte o topo de cada uma delas. Descarte apenas a primeira camada da casca e corte uma fatia fina da base (lado da raiz), o suficiente para as cebolas ficarem de pé na assadeira junto com os pedaços de frango. Tempere generosamente com sal e pimenta-do-reino moída na hora — para temperar todas as camadas enquanto a cebola assa —, coloque algumas folhas de alecrim sobre cada uma e regue com azeite.

5. Lave e seque as pimentas dedo-de-moça. Corte apenas a ponta da cabeça de alho (oposta à raiz). Corte a outra laranja em quartos. Distribua as pimentas, os pedaços de laranja, a cabeça de alho, as folhas de louro e o alecrim restante na assadeira.

6. Leve ao forno para assar por cerca de 30 minutos, até a pele começar a dourar. Abaixe a temperatura do forno para 180 °C (temperatura média) e deixe por mais 30 minutos, para o frango terminar de assar e as cebolas ficarem macias. Sirva a seguir com o caldo que se formou na assadeira.

PARA AGILIZAR A MARMITA

Sobra de frango sempre rende assunto! Fria e desfiada, fica ideal para virar salada. Com grão-de-bico, é incrível! Num pote de vidro alto, com tampa, prepare o molho: junte o caldo de ½ limão, 3 colheres (sopa) de azeite, 1 colher (sopa) de mel, tempere com sal e pimenta a gosto, tampe e chacoalhe bem para misturar. Mantenha o molho no fundo do pote e monte a salada em camadas: primeiro vai 1 xícara (chá) de grão-de-bico cozido sem caldo (pode ser em lata); em seguida, ½ cenoura ralada grosso, ½ xícara (chá) de frango desfiado (sem a pele) e, depois, folhas lavadas de miniagrião. Feche o pote e deixe na geladeira. Na hora de comer, basta chacoalhar para misturar o molho e temperar a salada.

PARA VARIAR NO ARROZ E FEIJÃO

ARROZ COM CURRY: Leve uma panela pequena ao fogo baixo. Quando aquecer, refogue ½ cebola picada fino em 1 colher (sopa) de azeite. Acrescente 1 xícara (chá) de arroz, 1 folha de louro, 1 colher (chá) de curry e ½ colher (chá) de sal. Meça 2 xícaras (chá) de água fervente e regue sobre o arroz. Deixe cozinhar até que o arroz absorva toda a água — siga os passos indicados na receita do arroz soltinho (página 80). Desligue o fogo e mantenha a panela tampada por 5 minutos, para os grãos terminarem de cozinhar no próprio vapor. Em seguida, solte os grãos com um garfo, transfira para uma tigela e sirva a seguir.

FEIJÃO COM BETERRABA: Siga os procedimentos de remolho para 1 xícara (chá) de feijão-carioca (ou rosinha). Descarte a água do remolho, transfira os grãos para a panela de pressão, cubra com 3 xícaras (chá) de água e junte 2 folhas de louro. Descasque e corte 2 beterrabas em 4 gomos cada e junte ao feijão. Tampe a panela e leve ao fogo alto. Assim que começar a apitar, abaixe o fogo e deixe cozinhar por mais 10 minutos. Passados os 10 minutos, desligue o fogo e — importante — deixe toda a pressão sair antes de abrir a tampa. Leve uma frigideira ao fogo médio, regue com 2 colheres (sopa) de azeite, junte ½ cebola picada fino, tempere com uma pitada de sal e refogue por 3 minutos, até murchar. Adicione 2 dentes de alho picados e mexa por mais 1 minuto. Acrescente 2 conchas do feijão cozido, com um pouco do caldo, misture e amasse os grãos com a espátula. Volte o refogado com o feijão amassado para a panela e misture bem. Tempere com sal e pimenta-do-reino moída na hora a gosto e deixe cozinhar em fogo baixo, sem tampa, por mais 10 minutos, ou até engrossar o caldo. Mexa de vez em quando para não grudar no fundo da panela. Desligue o fogo e sirva a seguir.

SOBREMESAS RÁPIDAS

FRESCURINHAS
PARA FRUTAS FRESCAS

Uma fruta madura, do jeito que veio ao mundo, já é uma delícia. Mas dá para deixar o que é bom ainda melhor. Calda industrializada, nem pensar: já especiarias, mel e outros ingredientes fazem a mágica na sobremesa.

CALDA DE TAHINE COM MEL E CANELA: Fica perfeita sobre frutas frescas, além de incrementar o bolo de iogurte, sorvetes ou a torrada do café da manhã. Como leva poucos ingredientes e fica pronta num instante, nem vale a pena armazenar. Faça na hora de servir. Numa tigela pequena, misture bem ¼ de xícara (chá) de tahine (pasta de gergelim) com 2 colheres (sopa) de mel e uma pitada de canela em pó. Regue com 2 colheres (sopa) de água filtrada, aos poucos, até ficar na consistência desejada (mais fluida ou mais espessa). Sirva a seguir.

CROCANTE DE AVEIA, NIBS E COCO: Num instante, esta farofinha acrescenta textura e sabor à sobremesa. Vai com fruta, sorvete, iogurte... Numa tigela, misture 1 xícara (chá) de aveia em flocos com ½ xícara (chá) de coco seco em flocos, ¼ de xícara (chá) de açúcar mascavo, 1½ colher (chá) de canela e uma pitada de sal. Leve uma frigideira grande ao fogo médio, regue com 2 colheres (sopa) de óleo, junte a mistura de secos e deixe dourar por 5 minutos, mexendo de vez em quando, até formar uma farofa crocante e sequinha. Desligue o fogo e misture ⅓ de xícara (chá) de nibs de cacau. Transfira para uma assadeira e deixe esfriar completamente. A receita rende 2⅓ xícaras e permanece crocante por até 1 mês armazenada num pote com fechamento hermético.

PRALINÊ COM SEMENTES: Pense num pé de moleque aromático, batido no pilão. Pronto, você tem uma farofa crocante capaz de transformar as mais simples frutas numa sobremesa que faz bonito até com os convidados! Numa tigela, misture ¼ de xícara (chá) de amendoim descascado e torrado sem sal, ¼ de xícara (chá) de semente de girassol sem sal e 1 colher (sopa) de sementes de coentro. Unte uma assadeira média com ½ colher (sopa) de óleo. Numa panela média, coloque ½ xícara (chá) de açúcar e leve ao fogo médio até derreter completamente e formar um caramelo uniforme — mexa de vez em quando com uma espátula para não queimar. Assim que o caramelo se formar, desligue o fogo e misture o amendoim com as sementes. Transfira imediatamente para a assadeira untada e nivele com a espátula até formar uma camada fina — tem de ser jogo rápido, para o caramelo não endurecer antes de ser nivelado. Deixe esfriar até endurecer. Descole a placa de caramelo da assadeira e quebre em pedaços menores com as mãos. Para fazer o pralinê, bata os pedaços num pilão até formar uma farofa crocante. Pode ser armazenada num pote com fechamento hermético por até 15 dias.

SÓ MAIS UMA COISINHA: Limão é o melhor amigo das frutas. Com algumas gotas evita que a maçã e a banana escureçam depois de cortadas. Experimente também:

- Cortar fatias de abacaxi e acrescentar raspas de limão. Faça isso antes da refeição e deixe na geladeira, para o abacaxi estar bem fresco na hora de servir.

- Servir fatias de mamão (ou metades de mamão papaia) com gomos de limão para espremer sobre a fruta na hora de comer. Apesar da acidez, ele deixa o mamão mais doce.

PARA RECEBER EM CASA

Petiscos, drinques e outras gostosuras

UMA VEZ QUE VOCÊ PEGOU GOSTO PELA COZINHA, NÃO DÁ PARA MANTER ISSO EM SEGREDO: É HORA DE ABRIR A CASA E RECEBER PESSOAS QUERIDAS! ALÉM DE JANTARES E ALMOÇOS EM QUE VOCÊ EXIBE AS RECEITAS DOS CAPÍTULOS ANTERIORES, A REUNIÃO PODE TER OUTROS FORMATOS. QUE TAL UM *HAPPY HOUR* NA SEXTA OU UM *BRUNCH* NO DOMINGO? ATÉ UM SIMPLES CAFÉ DA TARDE NO SÁBADO PODE VIRAR O MAIS DELICIOSO DOS PROGRAMAS — COM BOLO FEITO EM CASA, CLARO.

Pode reparar: quem gosta de cozinhar também gosta de receber os amigos e a família em casa. Comida, afinal, não é só combustível para o corpo — é uma forma de conectar e aproximar as pessoas, é alimento para as relações. Compartilhar algo feito por você é uma delícia, seja um jantar de cinco etapas, seja um simples cafezinho com bolo.

A minha família não é gigante — como era a da minha avó, que teve dez filhos. Mas não cabe na mesa de jantar... Se juntar a família do meu marido com a minha, incluindo pais, irmãos, sobrinhos e nossos quatro filhos, são 23 pessoas. Se a cada vez que formos nos encontrar tivermos que fazer um jantar ou almoço completo, vamos nos ver menos vezes por ano. Mas assar um bolo e passar um café é uma maneira ótima de juntar todo mundo, com pouquíssimo trabalho.

Já receber dois casais de amigos para um jantar é um programa na medida certa. Muita gente, porém, se desespera só de pensar em convidar, porque acha que a recepção precisa ser impecável. Resultado: o encontro nunca acontece. Pense o seguinte: a sua casa não é restaurante! Para chamar os amigos ou familiares, você não precisa ter lagosta no cardápio. Uma comidinha caseira no capricho vai ser sempre sucesso.

Em dúvida sobre qual escolher?
O prato que você souber preparar melhor — essa é a receita mais bacana para receber, acredite.

Nos capítulos anteriores, mostrei sugestões para o dia a dia que podem muito bem ir à mesa para os convidados. Nas próximas páginas, você vai ver como organizar um *brunch*, um café da tarde e também um *happy hour*. São reuniões com cardápios descomplicados e várias opções que podem ser preparadas com antecedência — aqui, claro, são pensadas a quatro mãos. Aposte no simples, faça um bom planejamento, divida as tarefas e não tem erro: você recebe bem, e vai receber sempre. E, se bobear, ainda começa a inventar comemorações para receber os amigos em casa.

O CHECKLIST

Seja qual for o tipo de encontro, algumas estratégias são básicas para garantir que tudo dê certo — e que os anfitriões também se divirtam! Planejamento não é para estressar, é para deixar a vida mais fácil.

Defina o cardápio

O primeiro passo é decidir o que vai ser servido no dia, do início ao fim do encontro. Veja se os pratos combinam entre si, se o conjunto apresenta sabores e texturas diferentes — uma preparação crocante, a outra mais cremosa. Mais um ponto importante: avaliar o tipo de preparo. Se todas as receitas precisarem ser finalizadas na hora, você não vai sair da cozinha. Se os convidados forem muitos e a finalização for uma a uma (carnes grelhadas, por exemplo), aí... lascou-se de vez. Melhor pensar em um prato único, que você pode deixar bem adiantado, antes de as pessoas chegarem. Um exemplo é o ensopado rápido de frango (página 49), que pode ser preparado até no dia anterior. Na hora, é só aquecer e hidratar o cuscuz marroquino para acompanhar. A carne moída com cerveja (página 90) é outra boa opção: fica prontinha, só esperando as mandiocas assadas. Mais uma sugestão? Molho pesto (página 66): o segredo é deixar a preparação guardada na geladeira em um recipiente fechado, com uma camada de azeite por cima, para evitar a oxidação. No dia, basta cozinhar a massa e está pronta a refeição.

Calcule as quantidades

O consumo de bebida varia com o tipo de evento, a duração e até com o clima. (E, claro, com o tipo de convidado...) Mas dá para tomar alguns parâmetros como base. Para vinho, calcule 1 garrafa para cada 2 pessoas. Uma garrafa de destilado costuma ser suficiente para 10 pessoas. Num churrasco, 3 latinhas de cerveja por cabeça é a recomendação usual. Água? Calcule 500 ml por convidado. E não se esqueça do gelo: 5 kg para 20 pessoas é uma boa proporção, mas num evento ao ar livre, no verão, é melhor mudar para 5 kg para cada 10 pessoas. E você pode comprar gelo filtrado no posto de gasolina: serve para colocar no copo e também no balde para gelar as garrafas e latinhas.

Em relação às comidas, anote algumas medidas úteis: para massa, calcule 100 g por pessoa. Risoto, como prato principal, pede cerca de ½ xícara (100 g) de arroz cru por convidado. Se for servido como acompanhamento, diminua para ⅓ de xícara (35 g). No churrasco, 400 g de carne por adulto é uma quantidade razoável. Em outras situações, 150 g a 200 g de carne por pessoa costuma ser uma medida suficiente — lembrando que se for uma peça com osso, como pernil, é preciso descontar esse peso extra.

Vá às compras

Com as bebidas calculadas e o cardápio decidido — e anotado por escrito —, é hora de partir para a lista de compras. Sempre cheque antes a despensa para evitar desperdícios. Se quiser a casa toda florida no dia, vale encomendar flores com alguma antecedência mesmo que você faça os arranjos.

Separe os utensílios e chame reforços

Veja se tem louças, talheres e taças suficientes uns dias antes do encontro. Vai usar toalha de mesa e guardanapos? Confira onde vai servir a comida e, se precisar de mais travessas, peça emprestadas. E louças, copos e travessas não precisam combinar entre si. O cardápio é do tipo para comer com as mãos? Guardanapo de tecido não faz sentido. Se quiser ajuda extra no dia, não deixe para chamar uma copeira ou combinar com a diarista na última hora.

Antecipe o que for possível

Tudo o que puder deve ser feito antes de o primeiro convidado chegar. Há sobremesas e petiscos que podem estar prontos na véspera ou até antes, como pudins, bolos e os biscoitinhos de parmesão deste capítulo. Com a carne louca (página 140), não é nem opcional: ela fica mais gostosa se preparada no dia anterior. Quando não for possível antecipar a receita inteira, avalie se dá para adiantar alguma etapa ou se os ingredientes já podem ficar no jeito. Até a bandeja de café pode estar a postos para depois da refeição — tudo é tempo ganho para aproveitar o encontro.

Divida as tarefas

Se no dia a dia compartilhar o trabalho é imprescindível, em dia de festa, então, nem se fala! Definir o tipo de festa, o cardápio e a *playlist* são coisas boas de fazer juntos. A parceria agiliza também a hora das compras, o preparo das receitas, a arrumação da casa — antes e depois de os convidados chegarem. E, se o encontro é para pessoas próximas, sempre dá para deixar aquele amigo que se acha "o barman" ficar responsável pelos bebes.

Pausa para o café!

Bolo de iogurte com creme batido + biscoitinho de parmesão + chá gelado + chá quente + café

Nada de pompa, nada de cardápio superelaborado: café da tarde não tem complicação — e é justamente por isso que é tão bom! A simplicidade de um cafezinho com bolo funciona como antídoto para esse mundo complexo em que a gente vive. É uma pausa na correria, quase uma volta no tempo. E não requer tanto planejamento quanto oferecer um jantar ou almoço. Claro que sempre fica mais fácil quando dá para adiantar os preparativos. Mas, se bater aquela saudade repentina de alguém no fim de semana, dá muito bem para chamar para um café de última hora — e botar o papo em dia com cheirinho de bolo no forno.

Lista de compras

NA DESPENSA	ESPECÍFICOS	OPCIONAL	BEBIDAS
• Açúcar	• Creme de leite fresco	• Chá-mate
• Farinha de trigo	• Iogurte	• Cidreira
• Fermento	• Parmesão	• Flores de hibisco secas
• Leite		• Hortelã
• Manteiga		• Laranja
• Óleo		• Limão
• Ovo		
• Pó de café		

Plano de ataque

Em um encontro para poucas pessoas, louças e talheres podem ser separados no dia. Com as comidinhas já prontas, é só cuidar das bebidas quentes e da reposição.

PESSOA 1	PESSOA 2
\## até 2 dias antes	
Os dois fazem a lista de compras e o checklist juntos, e pensam em como querem receber os convidados. Lembre-se de checar o que já tem em casa para evitar desperdícios.	
Tarefa para a dupla: fazer as compras. Na volta, enquanto um guarda tudo na geladeira e na despensa, o outro já separa os ingredientes para preparar o biscoitinho de parmesão.	
Prepare os biscoitinhos de parmesão (aproveite para fazer uma boa quantidade para ter biscoitos congelados para outros encontros).	Lave a louça do preparo dos biscoitos.
\## na véspera	
Prepare o bolo. Depois de pronto, desenforme, deixe esfriar e cubra com um pano de prato limpo.	Faça a infusão do chá gelado e lave a louça do bolo.
\## no dia da festa	
Horas antes de os convidados chegarem, separe as louças e talheres que vão ser usados.	Dê os últimos retoques na casa: deixe o banheiro em ordem, arrume a sala.
Bata o creme e separe uma jarra com água para gelar. Coe e transfira o chá gelado para uma jarra com rodelas de frutas frescas.	Deixe tudo no jeito para fazer as bebidas quentes quando os convidados chegarem.
Durante o evento, fique de olho na reposição de comidas e bebidas: se ainda tem biscoitinho, se precisa de mais café, açúcar, água...	Fique atento aos convidados: veja se todo mundo foi servido, se precisa de mais alguma coisa (copo, guardanapo).
Depois do evento, os dois organizam a sala, recolhem tudo e levam juntos para a cozinha (o trabalho fica mais rápido) — um fica responsável pela louça usada e o outro por armazenar o que sobrou.	

RECEITA

Bolo de iogurte com creme batido

Fofíssimo e úmido, esse é o tipo de bolo "de nada" que é simplesmente tudo! Como é neutro, pode ser servido com creme batido, geleia de frutas, goiabada, doce de leite... Também dá para variar o sabor da massa: veja as sugestões no final da receita.

SERVE 12 FATIAS | PREPARO **20 MIN + 45 MIN NO FORNO**

PARA O BOLO

1 XÍCARA (CHÁ) DE IOGURTE NATURAL
   SEM AÇÚCAR (CERCA DE 250 G)
4 OVOS
1½ XÍCARA (CHÁ) DE AÇÚCAR
⅓ DE XÍCARA (CHÁ) DE ÓLEO

1¾ XÍCARA (CHÁ) DE FARINHA DE TRIGO
1 COLHER (SOPA) DE FERMENTO EM PÓ
UMA PITADA DE SAL
MANTEIGA E FARINHA DE TRIGO PARA UNTAR E
   POLVILHAR A FÔRMA

1. Preaqueça o forno a 180 °C (temperatura média). Unte com manteiga uma fôrma redonda com furo no meio, de 24 cm de diâmetro. Polvilhe com farinha, chacoalhe e bata bem sobre a pia para retirar o excesso.

2. Numa tigela pequena, quebre um ovo de cada vez e transfira para o liquidificador — se um estiver estragado, você não perde a receita. Junte o iogurte, o óleo, o açúcar e bata bem, até ficar liso.

3. Transfira a mistura líquida para uma tigela grande. Acrescente a farinha, aos poucos, passando por uma peneira. Misture delica-damente, com um batedor de arame, apenas para incorporar a farinha a cada adição. Por último, misture o fermento e o sal. É melhor misturar tudo a mão, e não no liquidificador, para não trabalhar excessivamente o glúten da farinha e solar o bolo.

4. Transfira a massa para a fôrma preparada e leve ao forno para assar por cerca de 40 minutos — para verificar o ponto, espete com um palito: se sair limpo, está pronto; caso contrário, deixe assar por mais alguns minutos. Retire o bolo do forno e deixe esfriar por 15 minutos, antes de desenformar — se o bolo estiver quente, pode rachar.

PARA O CREME BATIDO

1 XÍCARA (CHÁ) DE CREME DE LEITE FRESCO

1 COLHER (SOPA) DE AÇÚCAR

Numa tigela grande, bata o creme com o açúcar usando um batedor de arame. A quantidade é pequena e logo o creme atinge o ponto — basta encorpar, não precisa formar picos. Se preferir, use a batedeira ou o mixer com o batedor de claras acoplado.

Obs.: Para ficar mais fácil de bater, coloque o creme de leite por 5 minutos no congelador.

PARA VARIAR

BOLO DE IOGURTE COM CHOCOLATE: Substitua a farinha de trigo por uma mistura de ¾ de xícara (chá) de chocolate em pó + 1 xícara (chá) de farinha de trigo.

BOLO DE IOGURTE COM FUBÁ: Substitua a farinha de trigo por uma mistura de 1 xícara (chá) de farinha de trigo + ¾ de xícara (chá) de fubá mimoso. Por último, acrescente à massa 1 colher (chá) de sementes de erva-doce.

BOLO DE IOGURTE CÍTRICO: Acrescente à massa as raspas de 2 laranjas ou 2 limões — cuidado para não raspar a parte branca da fruta, que amarga a receita.

BOLO DE IOGURTE COM ESPECIARIAS: No liquidificador, acrescente as seguintes especiarias para um bolo perfumado: 2½ colheres (chá) de gengibre em pó, 2 colheres (chá) de canela em pó, as sementes de 2 bagas de cardamomo, uma pitada de cravo em pó e uma pitada de noz-moscada.

RECEITA

Biscoitinho de parmesão

Enrolado como rocambole e depois cortado em fatias, este biscoito rende que é uma beleza! A massa crua dura por até 3 dias na geladeira, ou por até 3 meses no freezer.

RENDE **80 UNIDADES** | PREPARO **40 MINUTOS + 2 HORAS PARA FIRMAR NA GELADEIRA + 40 MINUTOS PARA ASSAR**

PARA A MASSA

2 XÍCARAS (CHÁ) DE FARINHA DE TRIGO
125 G DE MANTEIGA EM TEMPERATURA AMBIENTE
¼ DE XÍCARA (CHÁ) DE LEITE
½ COLHER (SOPA) DE FERMENTO EM PÓ
½ COLHER (CHÁ) DE SAL

1. Numa tigela, misture a farinha com o sal e o fermento. Junte a manteiga e amasse com as mãos, esfarelando com os dedos até formar uma farofa úmida. Acrescente o leite aos poucos, amassando bem, até a massa ficar lisa.

2. Modele a massa no formato de uma bola e achate levemente — assim fica mais fácil de abrir. Embale com filme e deixe descansar na geladeira por 30 minutos.

PARA O RECHEIO E A MONTAGEM

100 G DE MANTEIGA EM
   TEMPERATURA AMBIENTE
1⅓ XÍCARA (CHÁ) DE QUEIJO PARMESÃO
   RALADO FINO (CERCA DE 100 G)

MANTEIGA PARA UNTAR A ASSADEIRA
FARINHA DE TRIGO PARA POLVILHAR A
   BANCADA E UNTAR A ASSADEIRA

1. Numa tigela, misture bem a manteiga com o parmesão ralado.

2. Corte a massa em 2 porções. Polvilhe a bancada com farinha e, com o rolo de macarrão, abra uma porção da massa num retângulo de cerca de 30 cm × 20 cm. Espalhe metade do recheio, formando uma camada bem fina. A partir do lado maior do retângulo, enrole a massa bem justinha, como um rocambole.

3. Corte um pedaço de papel-manteiga e embale o rolo bem justinho, dobre e torça as pontas — além de manter o formato, ele evita que a massa resseque. Leve à geladeira para firmar por no mínimo 2 horas. Repita com a outra metade da massa.

4. Preaqueça o forno a 180 ºC (temperatura média) 20 minutos antes de assar os biscoitos. Unte com manteiga duas assadeiras grandes e polvilhe com farinha de trigo (se preferir, utilize assadeiras antiaderentes).

5. Retire um rolo de biscoito de cada vez da geladeira. Desembale e, com uma faca de chef, corte em fatias de 0,5 cm — faça um movimento único de guilhotina. Disponha os biscoitos na assadeira, deixando espaço entre eles.

6. Leve ao forno para assar por cerca de 20 minutos, ou até dourar. Retire do forno e deixe os biscoitos esfriarem na assadeira antes de servir ou armazenar — eles ficam crocantes depois de frios. Repita com a outra porção.

PARA VARIAR O SABOR DO RECHEIO

COM PÁPRICA: Acrescente 1½ colher (chá) de páprica doce e 1½ colher (chá) de páprica picante no recheio. Não gosta de sabor ardido? Dobre a quantidade de páprica doce ou use a versão defumada no lugar da picante.

COM ALECRIM: Pique bem fino as folhas de 5 galhos de alecrim e misture ao recheio de manteiga e parmesão.

COM ALICHE: Pique fino 25 g de filé de aliche (cerca de 12 filés) e misture ao recheio de manteiga e parmesão.

Mais uma xícara?

Primeiro, uma confissão: adoro café. Isso significa que, antes de falar sobre métodos e medidas, preciso fazer uma diferenciação entre o café *comercial*, aquele que a gente compra em qualquer supermercado, e o café *especial*. São produtos completamente diferentes, apesar de não haver uma legislação específica quanto à rotulagem. Isso quer dizer que qualquer café *comercial* pode estampar na embalagem "Especial", mesmo que ele não seja 100% do tipo arábica e não seja possível rastreá-lo até o produtor — duas características das marcas de cafés especiais de verdade.

São duas as grandes diferenças entre o café especial e o comercial: no sabor e no bolso. Para corrigir as imperfeições dos grãos usados na versão comercial, a torra é tão excessiva que resulta em um cafezinho superamargo, quase impossível de tomar sem açúcar. Já o café especial, feito com grãos selecionados, com torra controlada, dispensa o açúcar. E fica delicioso até servido frio! (Nem tente tomar o comercial gelado.) Mas tem aquela outra diferença: um café especial custa cerca de três vezes mais do que o comercial. Essa é uma conta que cada um tem que fazer.

CAFÉ COADO: Coloque o filtro de papel no coador e encaixe sobre um bule. Leve um pouquinho mais de 1 litro de água filtrada para aquecer em fogo médio. Assim que começarem a subir as primeiras bolhinhas, desligue o fogo — se a água ferver, queima o pó e deixa o café mais amargo. Regue o filtro sem o café com um tiquinho de água quente, apenas para aquecer e eliminar qualquer aroma indesejado do papel. Despreze a água. Coloque 10 colheres (sopa) de café no filtro umedecido e regue com um pouco da água quente, até umidificar todo o pó. Atenção: é medida-padrão. (Veja o item 12 da página 29.) Deixe hidratar por alguns segundos e despeje o restante da água, em movimento circular. Deixe o café coar sem mexer e sirva a seguir. Se quiser preparar em menor quantidade, use a proporção de ½ litro de água para 5 colheres (sopa) de café.

CAFÉ DE PRENSA: Nesse outro método, a diferença começa na moagem dos grãos: o pó não pode ser moído tão fino. Em casa, compro o café em grão e trituro somente o que vou usar a cada vez — esse moedor é de uso exclusivo do café. Mas nas cafeterias você encontra café moído para prensa francesa. Uma boa medida é de 6 colheres (sopa) para 300 ml de água filtrada; ou, se sua prensa tiver uma capacidade maior, use o dobro da quantidade de café e de água. Mas, claro, tudo depende do gosto do freguês. Na hora de preparar a bebida, escalde a jarra e descarte a água (isso ajuda a preservar a temperatura por mais tempo), acrescente os grãos moídos, despeje água filtrada bem quente, apenas para cobrir o pó. Deixe hidratar por alguns segundos e regue com um pouco de água. Mexa com uma colher e despeje o restante da água. Misture bem e encaixe o êmbolo. Deixe em infusão por 3 a 4 minutos e só depois pressione para filtrar o café. A bebida está pronta! Pode servir.

CHÁ GELADO DE HIBISCO COM CIDREIRA: Numa panela média, leve 2 litros de água ao fogo alto. Quando ferver, misture ½ xícara (chá) de flores de hibisco secas, ⅓ de xícara (chá) de folhas de erva-cidreira e ¼ de xícara (chá) de açúcar. Desligue o fogo, tampe e deixe em infusão por 10 minutos. Quando amornar, leve à geladeira para terminar de esfriar. Na hora de servir, coe o chá para uma ou duas jarras, junte 2 laranjas cortadas em rodelas e cubos de gelo a gosto.

CHÁ QUENTE (MATE) COM HORTELÃ E RODELA DE LIMÃO: Numa chaleira, leve 1 litro de água filtrada ao fogo alto. Quando começar a ferver, desligue o fogo e junte 5 saquinhos de chá-mate, 2 ramos de hortelã e o caldo de 1 limão. Tampe e deixe em infusão por 5 minutos. Sirva a seguir. Se preferir, adoce com açúcar ou mel.

O melhor happy hour da cidade

Carne louca desfiada + castanhas perfumadas + queijinho de iogurte + pães e torradas + ponche com abacaxi, laranja e gengibre + gim fizz

Se convidar os amigos para comer bolo e tomar café está longe de ser o seu ideal de programinha, talvez um *happy hour* seja uma boa alternativa. E fica muito melhor quando os petiscos não se resumem a salgadinhos ultraprocessados — você vai ver aqui que há várias opções que você pode fazer rapidinho. Comidinhas práticas de preparar, para comer com as mãos, drinques à vontade, música boa... Agora é só juntar os amigos!

Lista de compras

NA DESPENSA

- Açúcar
- Açúcar mascavo
- Alho
- Azeite
- Cominho
- Curry
- Louro
- Páprica picante
- Pimenta-do-reino
- Pimenta síria
- Sal
- Vinagre

ESPECÍFICOS

- Abacaxi
- Água tônica
- Amendoim
- Avelãs
- Banana-passa
- Castanha-de-caju
- Cebola
- Club soda
- Coxão mole
- Gelo
- Gengibre
- Gim
- Hortelã
- Iogurte
- Laranja
- Limão
- Vinho branco

Plano de ataque

Happy hour é para relaxar — e isso também vale para os anfitriões. Com tudo preparado antes da chegada dos convidados, e os itens para reposição à mão, a festa vai ser só alegria!

PESSOA 1	PESSOA 2
\multicolumn{2}{c}{**até 2 dias antes**}

Os dois fazem a lista de compras e o checklist, e pensam em como querem receber os convidados. Lembre-se de checar o que já tem em casa para evitar desperdícios.

Fazer as compras e guardar é mais rápido em dupla. Na volta, enquanto um guarda tudo na geladeira e na despensa, o outro já pode separar os ingredientes do que vai ser preparado em seguida.

PESSOA 1	PESSOA 2
Prepare as torradas e as castanhas perfumadas.	Faça a calda de laranja com gengibre e congele os cubos de abacaxi para o ponche.

na véspera

PESSOA 1	PESSOA 2
Prepare a carne louca desfiada.	Coloque o iogurte para drenar e lave a louça da carne louca.

no dia da festa

PESSOA 1	PESSOA 2
No início do dia, dê aquela última ajeitada na casa: arrume a sala, deixe o banheiro em ordem.	Tempere as pastinhas de iogurte e distribua nos potes de servir.
Algumas horas antes da festa, compre os pães frescos e o gelo. Separe uma parte para os drinques e outra para gelar as bebidas numa champanheira ou tina.	Lave e seque as ervas da salada. Deixe as guarnições dos drinques no jeito (caldo de limão espremido, hortelã lavada).
Monte o bar e prepare o drinque de jarra.	Monte a mesa de petiscos e finalize a salada.
Durante a festa, fique de olho para ver se não falta nada no bar.	Cuide da mesa de petiscos para fazer as reposições necessárias.

Acabou a festa? Os dois arrumam a sala e levam os utensílios para a cozinha. Um armazena o que sobrou e o outro lava a louça.

RECEITAS

Os drinques

Vamos começar pela mesa do bar? Pode escolher: em jarra, que serve o grupo todo, ou em copo, cada um fazendo o seu próprio drinque. Drinques de jarra são sempre uma ótima opção para quem vai receber os amigos em casa. Eles rendem que é uma beleza, são leves e bem fáceis de preparar. A versão escolhida para este *happy hour* leva vinho branco, xarope de gengibre caseiro, club soda e cubos de abacaxi congelados — pitada boa para refrescar e dar sabor ao mesmo tempo. Já o gim fizz, um coquetel forte e amargo, é para liberar o bartender que existe em você! Antes da festa, deixe todos os ingredientes separados na mesa do bar, sem esquecer o dosador e o passo a passo da receita para servir de guia para o convidado. (E quem não bebe álcool? Não precisa ficar só na água nem se sentir menos importante: o chá gelado de hibisco da página 129 é saboroso e faz bonito no visual!)

RECEITA

Ponche refrescante com abacaxi

Teor alcoólico baixinho, doçura na medida e um perfume de gengibre. Como recusar?

SERVE **8 PESSOAS** | PREPARO **40 MINUTOS + 2 HORAS PARA CONGELAR OS CUBOS DE ABACAXI**

1 GARRAFA DE VINHO BRANCO (750 ML)

2 LATAS DE CLUB SODA (700 ML)

2 XÍCARAS (CHÁ) DE CALDO DE
   LARANJA COADO

½ ABACAXI

⅓ DE XÍCARA (CHÁ) DE AÇÚCAR

4 FATIAS DE GENGIBRE DE 1 CM

CUBOS DE GELO A GOSTO

1. Descasque e corte ½ abacaxi em cubos de 2 cm. Distribua numa assadeira e leve para congelar por, no mínimo, 2 horas — assim eles ficam soltinhos depois de congelados. Transfira para um saco plástico e mantenha no congelador. Leve o vinho e o club soda para a geladeira.

2. Enquanto isso, prepare o xarope de gengibre: numa panela pequena, misture o caldo da laranja com o açúcar. Junte o gengibre e leve ao fogo médio. Quando começar a ferver, deixe cozinhar por 25 minutos, ou até formar um xarope concentrado — lembre que, depois de frio, o xarope tende a ficar mais grosso. Quando amornar, leve para a geladeira.

3. Para montar o drinque, divida a receita em duas jarras: descarte os pedaços de gengibre e coloque o xarope no fundo das jarras, acrescente os cubos de abacaxi congelados, junte o vinho e o club soda. Misture com uma colher longa (ou bailarina) delicadamente, de baixo para cima, para não perder a efervescência. Se preferir, prepare o drinque em duas etapas durante a festa ou use uma poncheira de 2,5 litros. Sirva a seguir.

DICA

Congele os cubos de abacaxi com antecedência e transfira para um saco próprio para alimentos — assim você ocupa menos espaço no congelador para a festa. Prepare também o xarope de gengibre até 3 dias antes e deixe na geladeira numa garrafinha ou pote de vidro com tampa.

RECEITA

Gim fizz com hortelã

Deixe os ingredientes no bar e cada um faz o seu drinque! Além da hortelã, você pode usar outras ervas para dar o toque aromático.

SERVE **1 DRINQUE** | PREPARO **5 MINUTOS + 30 MINUTOS PARA GELAR O CLUB SODA**

1 DOSE DE GIM (50 ML, CERCA DE ¼ DE XÍCARA DE CHÁ)

2 COLHERES (SOPA) DE CALDO DE LIMÃO

1 COLHER (SOPA) DE AÇÚCAR

½ XÍCARA (CHÁ) DE CLUB SODA

CUBOS DE GELO A GOSTO

FOLHAS DE HORTELÃ A GOSTO

GOMOS DE LIMÃO A GOSTO

1. De preferência, leve o club soda (ou água com gás) à geladeira por no mínimo 30 minutos (se quiser, coloque para gelar na noite anterior).

2. Numa taça de vinho, misture o gim com o caldo de limão e o açúcar. Preencha o copo com cubos de gelo, complete com o club soda, misture folhas de hortelã a gosto, 1 gomo de limão e sirva a seguir.

Obs.: Este drinque é superversátil. Além de folhas de hortelã, você pode variar os aromas colocando tiras de casca de laranja, manjericão ou alecrim.

OPEN BAR

Monte o bar para os convidados se servirem: numa mesa ou bandeja, coloque a receita, a garrafa de gim e um balde com cubos de gelo. Deixe o caldo de limão espremido numa jarrinha e acomode uma garrafa (ou latas) de club soda no gelo. Separe um medidor de dose (ou xícaras medidoras) e colheres — com tudo à mão, fica fácil para cada convidado montar seu drinque.

Pode torrar!

Torradinhas vão com tudo e são facílimas de fazer. Você pode usar vários tipos de pão — só tome cuidado para não cortar fatias muito grossas, para garantir que as torradas fiquem crocantes e fáceis de morder. Pão amanhecido fica ótimo cortado em fatias de 0,5 cm. O pão de fôrma caseiro (tem receita no site Panelinha!) pode ter as fatias cortadas em X, para formar triângulos, e o pão sírio funciona bem cortado em cruz. Se quiser dar um sabor a mais, antes de levar ao forno, regue com azeite, tempere com sal, pimenta, ervas secas ou especiarias — zátar no pão sírio fica uma delícia.

Para todas as opções, o método é basicamente o mesmo: coloque os pães em assadeiras grandes, para que fiquem espalhados (vão assar de forma uniforme), e leve ao forno preaquecido a 180 °C (temperatura média). Deixe assar por cerca de 20 minutos. Mas atenção: o tempo pode variar de acordo com a espessura das fatias e o tipo de pão. Fique de olho! Vale dar uma chacoalhada na assadeira na metade do tempo, ou virar as fatias de pão, para que assem por igual. Retire do forno e deixe esfriar completamente, antes de armazenar num pote com fechamento hermético — do contrário, em vez de crocantes, vão ficar murchas.

Castanhas perfumadas

Um é pouco, dois é bom, três é sucesso absoluto! Com temperos e castanhas diferentes, você cria um trio de petiscos perfeitos para acompanhar os drinques. É meio improvável de acontecer, mas, se sobrar um pouco depois da festa, você pode armazenar por até 15 dias num pote com fechamento hermético.

AMENDOIM COM CURRY E BANANA-PASSA: Preaqueça o forno a 180 °C (temperatura média). Numa tigela, misture 2 xícaras (chá) de amendoim (cerca de 300 g) com as raspas de 1 laranja (cuidado para não raspar a parte branca), 1½ colher (chá) de curry, ½ colher (chá) de páprica picante, 1 colher (chá) de sal, e mexa bem para envolver todos os grãos. Com uma das mãos, regue aos poucos com ½ colher (sopa) de água, e com a outra misture bem a cada adição (é bem pouco mesmo, apenas para ajudar o tempero a grudar no amendoim). Espalhe o amendoim temperado numa assadeira grande e leve ao forno para assar por cerca de 10 minutos, ou até dourar — na metade do tempo, chacoalhe a assadeira para que assem por igual. Retire do forno e transfira os amendoins para uma tigela. Misture ⅓ de xícara (chá) de banana-passa em rodelas finas e deixe esfriar antes de servir ou armazenar.

AVELÃ COM PIMENTA SÍRIA: Preaqueça o forno a 180 °C (temperatura média). Numa tigela, misture 2 xícaras (chá) de avelãs torradas sem sal e sem pele com ¼ de xícara (chá) de açúcar, ½ colher (chá) de sal e 1½ colher (chá) de pimenta síria. Com uma das mãos, regue aos poucos com 1 colher (sopa) de água, e com a outra misture bem a cada adição (é bem pouco mesmo, apenas para ajudar o tempero a grudar na avelã). Espalhe as avelãs numa assadeira grande, de preferência antiaderente, e leve ao forno para assar por cerca de 10 minutos, até dourar. Na metade do tempo, chacoalhe a assadeira para as avelãs assarem por igual. Retire do forno e deixe esfriar completamente antes de servir ou armazenar.

CASTANHA-DE-CAJU COM COMINHO E LIMÃO: Forre uma assadeira grande com papel-manteiga. Numa frigideira grande, misture com uma espátula ⅓ de xícara (chá) de açúcar mascavo, 1 colher (chá) de cominho em pó e 2 colheres (sopa) de água. Leve ao fogo médio e, quando começar a ferver, junte 2½ xícaras (chá) de castanhas-de-caju torradas sem sal. Misture por 5 minutos, até a calda começar a secar e as castanhas ficarem carameladas. Tempere com sal moído na hora a gosto e as raspas de 1 limão — mas só no momento final, ainda na frigideira quente. Assim, as raspas de limão ficam fresquinhas, os grãos de sal ficam inteiros e os temperos grudam nas castanhas. Transfira as castanhas para a assadeira com papel-manteiga e espalhe com a espátula — quanto mais separadas estiverem, mais rápido esfriam. Deixe esfriar antes de servir ou armazenar em recipiente com fechamento hermético.

RECEITA

Queijinho de iogurte

Sucesso absoluto nas redes sociais do Panelinha, esta preparação é tão fácil (e gostosa) que você vai querer ter sempre na geladeira. Para animar a mesa de petiscos, acrescente outros ingredientes e crie pastinhas com sabores diferentes.

SERVE **6 PESSOAS** | PREPARO **10 MINUTOS + 8 HORAS PARA DRENAR**

4 POTES DE IOGURTE NATURAL (170 G CADA)

1 COLHER (CHÁ) DE SAL

AZEITE A GOSTO

FOLHAS DE ALECRIM PICADAS
A GOSTO (OPCIONAL)

ZÁTAR A GOSTO (OPCIONAL)

1. Na hora de comprar o iogurte, certifique-se de que não é adoçado nem com açúcar nem com adoçante — não vai funcionar. Forre uma peneira com um pano de algodão fino e limpo e apoie sobre uma tigela funda — se a tigela for rasa, o soro drenado fica em contato com o iogurte.

2. Numa tigela, misture o iogurte com o sal e transfira para a peneira forrada. Leve para a geladeira e deixe drenar por no mínimo 8 horas (prepare na noite anterior!). O iogurte vai liberar o soro aos poucos e ficar com a consistência de uma coalhada seca, bem firme.

3. Assim que estiver firme, transfira o queijo de iogurte para uma tigela e misture com 1 colher (sopa) de azeite. Prove, acerte o sal. Regue com um fio de azeite e, se quiser incrementar, acrescente zátar a gosto ou folhas de alecrim para decorar. Sirva a seguir com pães, torradas ou *crudités* de legumes.

Obs.: Se preferir, utilize dois filtros de café descartáveis (tamanho grande) cortados ao meio, em vez do pano de algodão.

PARA VARIAR

PEPINO E HORTELÃ: Numa tigela, misture 2 pepinos ralados (com a casca) com ½ colher (chá) de sal. Transfira para uma peneira e deixe drenar por 10 minutos — aperte delicadamente com as costas de uma colher. Misture com o queijo de iogurte e tempere com 2 colheres (sopa) de azeite e folhas de hortelã picadas a gosto.

BERINJELA ASSADA COM COMINHO E LIMÃO: Preaqueça o forno a 220 °C (temperatura alta). Lave e seque 2 berinjelas.

Com um garfo, fure toda a superfície delas e leve ao forno numa assadeira para assar por cerca de 40 minutos, até tostar a casca e a polpa ficar bem macia — na metade do tempo vire com uma espátula. Retire a berinjela do forno, corte ao meio com a faca e raspe toda a polpa com uma colher. Deixe amornar. Pique fino a polpa da berinjela e misture ao queijinho de iogurte. Tempere com ½ colher (chá) de cominho e o caldo de 1 limão, prove e acerte o sal.

RECEITA

Carne louca desfiada

Não é à toa que carne louca é um clássico para receber os amigos: além de deliciosa, é o tipo de receita que fica ainda melhor se preparada com antecedência.

SERVE **10 PESSOAS** | PREPARO **30 MINUTOS + 40 MINUTOS NA PRESSÃO + 1 HORA NA GELADEIRA**

1,5 KG DE COXÃO MOLE EM PEÇA

3 CEBOLAS

3 DENTES DE ALHO

1 XÍCARA (CHÁ) DE VINAGRE DE VINHO BRANCO

1 LITRO DE ÁGUA QUENTE

3 FOLHAS DE LOURO

2 COLHERES (CHÁ) DE ORÉGANO SECO

AZEITE A GOSTO

SAL E PIMENTA-DO-REINO MOÍDA NA HORA A GOSTO

ERVAS FRESCAS A GOSTO PARA SERVIR

1. Retire a carne da geladeira e deixe em temperatura ambiente por 15 minutos antes de começar o preparo — ela não pode estar gelada na hora de ir para a panela. Descasque os dentes de alho.

2. Corte o coxão mole em 3 partes e retire qualquer excesso de gordura — assim ele se acomoda melhor dentro da panela. Tempere a carne com sal e pimenta a gosto.

3. Leve a panela de pressão ao fogo médio. Quando aquecer, regue com 2 colheres (sopa) de azeite, coloque um pedaço da carne e deixe dourar bem de todos os lados — vire com uma pinça apenas quando descolar da panela. Transfira o pedaço dourado para uma travessa e repita com as outras duas partes de carne, regando com azeite a cada leva.

4. Regue com um pouco da água quente e, com uma espátula, raspe o fundo da panela para dissolver os queimadinhos — eles dão sabor ao caldo. Volte as três partes de carne para a panela e cubra com o restante da água quente. Se não cobrir até a metade da carne, complete com mais água. Junte as folhas de louro, os dentes de alho, ⅔ de xícara (chá) do vinagre e ½ colher (sopa) de sal.

5. Tampe a panela e aumente o fogo. Quando começar a apitar, abaixe o fogo e deixe cozinhar por mais 40 minutos. Desligue o fogo e deixe todo o vapor sair antes de abrir a panela.

6. Enquanto isso, descasque e corte as cebolas em metades e as metades, em meias-luas. Transfira para uma tigela e tempere com o orégano e pimenta-do-reino a gosto.

7. Regue a cebola com 3 xícaras (chá) do caldo de cozimento quente, misture o restante do vinagre e deixe curtir em temperatura ambiente — além de absorver sabor, as cebolas ficam mais macias e perdem o ardido.

8. Numa tábua, desfie os pedaços da carne ainda quente com dois garfos. Transfira para uma travessa e regue com o restante do caldo de cozimento — o caldo mantém a carne úmida.

9. Quando estiverem frias, misture a carne com as cebolas curtidas e o caldo. Deixe a carne desfiada absorver os sabores por ao menos 30 minutos antes de servir. Regue com azeite e sirva com folhas de ervas frescas.

PLANEJAMENTO

Você pode armazenar a carne louca desfiada, com a cebola e o caldo, na geladeira por até 2 dias antes de servir — quanto mais tempo a carne permanece no caldo, mais gostosa fica. Mas atenção: a carne desfiada deve esfriar antes de ser misturada ao molho de cebola. Se ela estiver quente, absorve o molho, e o preparo pode ficar ressecado.

PARA RECEBER EM CASA **141**

Hora do *brunch*!

Rabanada salgada + mimosa + salada de duas frutas + crudités *+ salada grega +
geleia de maracujá com pimenta + café e leite*

Nem café da manhã nem almoço: o *brunch* é a refeição ideal para aqueles domingos preguiçosos, sem hora para nada. O mérito dessa maravilhosa invenção vai para os ingleses — mais exatamente, para um escritor de nome Guy Beringer, que usou o termo (junção de *breakfast* e *lunch*) pela primeira vez num artigo publicado em 1895.

Aqui, o *brunch* não precisa ter cardápio britânico, não! Vamos de opções mais adequadas ao nosso clima tropical, para beliscar sem pressa, como pede a ocasião, e sem ficar empanturrado. Tem *crudités*, geleia caseira, salada grega, salada de frutas. Quer mais "sustança"? Experimente a rabanada em versão salgada — simplesmente incrível. E tem mimosa, claro. Afinal de contas, uma das várias qualidades do *brunch* é ser o salvo-conduto para começar o dia com uma dose de espumante!

Lista de compras

NA DESPENSA

- Açúcar cristal
- Azeite
- Leite
- Manteiga
- Mel
- Noz-moscada
- Ovo
- Pimenta-do-reino
- Pó de café
- Queijo parmesão
- Sal
- Sal grosso

ESPECÍFICOS

- Azeitonas pretas
- Cebola roxa
- Espumante
- Gelo
- Hortelã
- Iogurte
- Laranja
- Legumes para os *crudités*
- Limão
- Mamão
- Manga
- Maracujá
- Pão francês
- Pepino
- Pimenta dedo-de-moça
- Queijo minas
- Queijo muçarela
- Tomate

PARA RECEBER EM CASA 143

Plano de ataque

Tudo é simples e vários ingredientes são servidos crus, mas, se deixar para cortar e picar tudo no dia, já viu o sufoco, né? Com o truque da água gelada, legumes cortados na véspera vão estar fresquinhos e crocantes na hora de servir. A única preparação que vai para o forno no dia é a rabanada, que pode ser montada na noite anterior.

PESSOA 1	PESSOA 2
### até 2 dias antes	
Os dois fazem a lista de compras e o checklist, e pensam em como querem receber os convidados. Lembre-se de checar o que já tem em casa para evitar desperdícios.	
Fazer as compras em dupla é mais rápido. Na volta, enquanto um guarda os ingredientes, o outro separa o que vai ser utilizado para a geleia de maracujá com pimenta.	
Faça a geleia.	Leve as frutas e o espumante para gelar e lave a louça da geleia.
### na véspera	
Corte e armazene os legumes para os *crudités* e para a salada grega.	Coloque o iogurte para drenar e monte a rabanada salgada.
### na manhã do evento	
No início da manhã, dê aquela última ajeitada na casa: arrume a sala, deixe o banheiro em ordem.	Compre o gelo.
Prepare os tomates da salada grega. Enquanto drenam, retire da geladeira os ingredientes cortados dos *crudités* e da salada grega.	Prepare a salada de frutas e o suco de laranja. Coloque a geleia e o queijinho de iogurte nas tigelas de servir.
Monte a salada grega e a travessa de *crudités*.	Monte o bar (na hora do *brunch*, deixe a garrafa de espumante aberta, num balde de gelo, para os convidados se servirem).
Recepcione os convidados e cuide da reposição das bebidas e do gelo.	Leve a rabanada ao forno — coloque um alarme no seu celular, assim você pode curtir os convidados sem esquecer do forno.
Finalize a salada de frutas com a hortelã.	Fique de olho na mesa para repor o que precisar.
Acabou a festa? Os dois arrumam a sala e levam os utensílios para a cozinha. Um armazena o que sobrou e o outro lava a louça.	

Pitadas

Brunch não é como um jantar, que tem começo, meio e fim. Quem quiser pode começar com frutas, ir para os salgados, voltar para o doce... Com opções leves, dá para ficar beliscando por horas a fio — na companhia de uma taça de mimosa!

SALADA DE DUAS FRUTAS: Não precisa convocar a fruteira inteira. Com uma caldinha esperta de mel e limão, a dupla manga e mamão já garante sabor e frescor. Numa travessa, misture delicadamente 2 mangas cortadas em cubos de 1,5 cm com a polpa de ½ mamão formosa cortado em cubos do mesmo tamanho. Cubra com filme e leve à geladeira por até 1 hora antes de servir — assim a salada de frutas fica bem fresca. Numa tigela pequena, misture o caldo de 2 limões com 2 colheres (chá) de mel. Na hora de servir, regue a calda de limão com mel sobre a salada de frutas e misture delicadamente. Finalize com raspas de limão e folhas de hortelã a gosto.

MIMOSA: No *brunch*, o suco de laranja tem um algo a mais — para começar o dia em clima de comemoração! Preencha uma taça de espumante com suco de laranja natural até a metade. Complete com espumante, inclinando a taça de leve, para não formar muito espuma. Sirva a seguir. Lembre-se de, antes, gelar o espumante e o suco, por no mínimo 30 minutos. Se quiser, gele também as taças.

CRUDITÉS: Fáceis de preparar e mais fáceis ainda de comer, *crudités* colorem a mesa da festa. No dia a dia, aliás, são uma alternativa superprática para substituir a salada e ainda ter o que beliscar enquanto cozinha. Lave e seque 6 talos de salsão (sem as folhas), 2 cenouras, 1 maço de rabanete (cerca de 10 unidades) e 2 pimentões amarelos: corte as cenouras, o salsão e o pimentão em palitos de tamanhos iguais e o rabanete em quartos; corte 1 limão em 6 gomos. Numa travessa grande, disponha os palitos de legumes e os gomos de limão. Esprema o caldo de 1 gomo de limão sobre um potinho com sal grosso e sirva a seguir. Os *crudités* ficam ótimos também com queijinho de iogurte temperado (páginas 138 e 139) e geleia de maracujá (página 147). Para variar: experimente usar outros vegetais para os *crudités*. Vale erva-doce (funcho), pepino, pimentão verde, tomate verde (sem as sementes) e até folhas de endívia, que são mais firmes.

RECEITA

Geleia de maracujá com pimenta

Tem doçura, tem acidez e tem dedo-de-moça para apimentar! Por isso, a geleia é ideal para o brunch. E, se sobrar, pode servir com carnes em geral. Em menos de 1 hora, você prepara essa geleia, que dura até 1 mês na geladeira.

SERVE 1 XÍCARA (CHÁ) | PREPARO 45 MINUTOS

1 XÍCARA (CHÁ) DE POLPA DE MARACUJÁ (CERCA DE 3 MARACUJÁS)
⅔ DE XÍCARA (CHÁ) DE AÇÚCAR CRISTAL
1½ XÍCARA (CHÁ) DE ÁGUA
1 PIMENTA DEDO-DE-MOÇA
UMA PITADA DE PÓ DE CAFÉ
UMA PITADA DE SAL

1. Lave e corte a pimenta dedo-de-moça ao meio. Com a ponta da faca, raspe e descarte as sementes — assim, você evita queimar a pele — e pique fino as metades. Corte o topo dos maracujás e transfira metade da polpa (com as sementes) para uma panela média e a outra metade para o liquidificador.

2. No liquidificador, bata o maracujá com a água até triturar as sementes. Peneire o maracujá batido sobre a panela, raspando bem com uma colher para extrair todo o suco. Misture o açúcar, a pimenta picada, o café e o sal.

3. Leve ao fogo médio e, depois de ferver, deixe cozinhar por cerca de 30 minutos, até engrossar — mexa de vez em quando com uma espátula de silicone para não grudar no fundo e nas laterais da panela. Para verificar o ponto: cubra as costas de uma colher com a geleia, espere alguns segundos e passe o dedo indicador, formando uma linha: a geleia deve estar na consistência de gel e não escorrer. O maracujá tem bastante pectina e fica mais consistente ao esfriar.

4. Com uma concha, transfira a geleia ainda quente para um pote de vidro esterilizado (página 33), deixando um espaço de cerca de 2 cm até a tampa sem preencher. Feche o pote com a geleia quente para formar vácuo.

CONSERVAÇÃO

Você pode conservar a geleia por até 2 meses, fechada a vácuo, em temperatura ambiente; por até 6 meses no congelador, e, após aberta, por 1 mês na geladeira.

RECEITA

Salada grega

Uma polvilhada de sal nos tomates uns minutinhos antes, algumas ranhuras no pepino, um banho de água gelada na cebola... Com esses pequenos truques, a saladinha sobe para o patamar dos clássicos inesquecíveis.

SERVE **8 PESSOAS** | PREPARO **40 MINUTOS**

8 TOMATES MADUROS

3 PEPINOS COMUNS

3 CEBOLAS ROXAS

300 G DE QUEIJO MINAS

   (OU OUTRO QUEIJO FRESCO FIRME DE SUA PREFERÊNCIA)

1 XÍCARA (CHÁ) DE AZEITONAS PRETAS

AZEITE A GOSTO

SAL E PIMENTA-DO-REINO MOÍDA NA HORA A GOSTO

1. Lave, seque e corte o tomate em 8 gomos: corte e descarte a tampa; apoie a parte cortada na tábua e corte o tomate em cruz, depois, em X, para formar 8 partes. Coloque numa peneira, misture com 2 colheres (chá) de sal e deixe drenar sobre uma tigela por ao menos 30 minutos — o sal desidrata e deixa o tomate mais carnudo.

2. Enquanto isso, prepare os outros ingredientes: descasque e corte as cebolas em cubos médios. Transfira para uma tigela, cubra com água e gelo e deixe de molho até a hora de montar a salada — a água gelada diminui o ardido da cebola.

3. Lave e seque o pepino. Com a ponta de um garfo, raspe a casca no sentido do comprimento — as ranhuras retêm o molho e o pepino fica bem temperado. Corte os pepinos ao meio no sentido do comprimento e as metades, em meias-luas de 1 cm de espessura.

4. Corte o queijo minas em cubos de cerca de 2 cm. Corte as azeitonas em lascas e descarte o caroço.

5. Transfira o tomate drenado para uma tigela. Escorra a água e junte as cebolas aos tomates. Misture o pepino fatiado, as azeitonas e, por último, os cubos de queijo. Tempere com bastante azeite e pimenta-do-reino moída na hora a gosto — lembre-se de que o tomate já foi polvilhado com sal, por isso não há necessidade de temperar novamente. Sirva a seguir.

RECEITA

Rabanada salgada

A versão doce, com açúcar e canela, é um clássico de Natal. Mas a rabanada com queijo, feita no forno, é surpreendente, ótima para incrementar o pão da manhã.

SERVE **6 PORÇÕES** | PREPARO **20 MIN + 30 MIN PARA DESCANSAR + 30 MIN DE FORNO**

5 PÃES FRANCESES AMANHECIDOS
5 OVOS
3 XÍCARAS (CHÁ) DE LEITE
10 FATIAS DE QUEIJO MUÇARELA (CERCA DE 150 G)
1 XÍCARA (CHÁ) DE QUEIJO PARMESÃO RALADO GROSSO
NOZ-MOSCADA RALADA NA HORA A GOSTO
SAL E PIMENTA-DO-REINO MOÍDA NA HORA A GOSTO
MANTEIGA PARA UNTAR A ASSADEIRA

1. Unte com manteiga uma assadeira (ou refratário) com cerca de 30 cm × 22 cm. Com uma faca de serra, corte cada pão, na diagonal, em fatias de 1 cm. Corte as fatias de muçarela em tiras.

2. Numa tigela pequena, quebre um ovo de cada vez e transfira para outra tigela grande — se um estiver ruim, não estraga a receita toda. Junte o leite e misture bem com o batedor de arame até ficar liso. Tempere com noz-moscada, sal e pimenta-do-reino a gosto.

3. Para montar a rabanada: coloque as fatias de pão na assadeira, uma sobreposta à outra, formando 4 fileiras em escama; distribua a muçarela cortada em tiras entre cada fatia de pão e também entre as fileiras.

4. Com uma concha, regue os pães com a mistura de leite e ovos, cobrindo bem cada uma das fatias. Cubra com filme e deixe descansar por no mínimo 30 minutos, para que os pães absorvam o líquido (se preferir, prepare na noite anterior e deixe na geladeira).

5. Enquanto isso, preaqueça o forno a 180 ºC (temperatura média). Se tiver preparado a rabanada na noite anterior, retire a assadeira da geladeira e deixe em temperatura ambiente enquanto o forno aquece.

6. Retire o filme e espalhe o queijo parmesão. Leve ao forno para assar por cerca de 30 minutos, até dourar — os pães vão estufar e a mistura de ovos vai endurecer. Retire do forno e sirva a seguir.

SOBREMESAS CLÁSSICAS

Hits para todos os tempos

Quanto tempo você tem para preparar o *grand finale*? Dois dias? Um dia? Uma hora? Com um pouco mais de tempo, pudim é uma excelente opção. Ele pede para ser feito com dias de antecedência, porque assim pode passar horas na geladeira para firmar, ficar mais gostoso e se preparar para sair da fôrma sem sofrer. Já o brownie é para fazer na véspera da festa. Bem úmido, não perde textura nem sabor de um dia para o outro. Na hora de servir, é só dar uma incrementada no acompanhamento — tem sugestões logo mais. Se o caso for urgente, vá de cocada de forno. O preparo é tão pá-pum, que ela pode assar durante a refeição. Depois é só servir, quentinha! Para todas as receitas, você sabe: tudo fica mais rápido feito a quatro mãos. Enquanto um faz a base, o outro unta a fôrma — ou vai dando aquela geral na cozinha.

RECEITA | DOIS DIAS ANTES

Pudim de leite

Prepare-se para desvendar um dos grandes mistérios da culinária: um pudim bem liso e denso — geladinho, fica mais firme e fácil de desenformar.

SERVE **12 PESSOAS** | PREPARO **25 MINUTOS + 1H30 PARA ASSAR + 3 HORAS NA GELADEIRA PARA ESFRIAR**

PARA O PUDIM

2 LATAS DE LEITE CONDENSADO

4 OVOS

2½ XÍCARAS (CHÁ) DE LEITE

1. Preaqueça o forno a 160 °C (temperatura baixa).

2. Numa tigela pequena, quebre um ovo de cada vez e transfira para outra tigela maior. Mexa com o batedor de arame para misturar as claras com as gemas. Junte o leite condensado e misture bem.

3. Acrescente o leite aos poucos, mexendo delicadamente com o batedor, apenas para misturar — evite fazer movimentos bruscos para não incorporar ar. Deixe a massa do pudim descansando enquanto prepara o caramelo — essa pausa é essencial para eliminar possíveis bolhas de ar e garantir um pudim lisinho.

PARA O CARAMELO

1 XÍCARA (CHÁ) DE AÇÚCAR

⅓ DE XÍCARA (CHÁ) DE ÁGUA FERVENTE

1. Separe uma fôrma redonda, com furo no meio, de 22 cm de diâmetro. Leve uma chaleira com 3 xícaras (chá) de água ao fogo médio — ela vai ser usada para fazer a calda e assar o pudim em banho-maria.

2. Numa panela média, leve o açúcar ao fogo baixo para derreter, mexendo com uma espátula, até formar um caramelo dourado. Meça ⅓ de xícara (chá) da água fervente e, com cuidado, regue sobre o caramelo. Atenção: a calda vai borbulhar. Misture com a espátula até ficar lisa.

3. Transfira a calda para a fôrma, vertendo sobre o cone central. Com um pano de prato (ou luva térmica), segure e gire a fôrma para caramelizar a lateral.

4. Despeje a massa do pudim na fôrma, passando por uma peneira. Coloque a fôrma dentro de uma assadeira, leve ao forno, e só então regue com a água fervente até cobrir metade da fôrma do pudim (para assar em banho-maria).

5. Deixe assar por 1 hora e meia — o tempo pode variar de acordo com o modelo e o tipo de forno. O pudim estará pronto quando a superfície estiver firme, mas com o interior ainda cremoso — ele termina de firmar enquanto esfria. Evite assar demasiadamente para não ressecar nem endurecer muito.

6. Retire o pudim do forno e deixe amornar. Leve para a geladeira por ao menos 3 horas. Antes de servir, passe a base da fôrma sobre a chama do fogão aceso, apenas para soltar a calda. Cubra a fôrma com um prato com borda alta e vire de uma só vez. Deixe a calda escorrer sobre o pudim e sirva a seguir.

PARA VARIAR

PUDIM DE COCO: Substitua o leite da receita por uma mistura de 1⅔ xícara (chá) de leite + 200 ml de leite de coco e junte ½ xícara (chá) de coco seco ralado na massa depois de peneirada.

PUDIM DE LARANJA: Misture as raspas de 2 laranjas na massa do pudim depois de peneirada.

PUDIM DE ESPECIARIAS: Leve o leite da receita para ferver com as sementes de 2 bagas de cardamomo, 2 ramas de canela e 4 cravos-da-índia. Desligue o fogo, tampe e deixe em infusão até chegar à temperatura ambiente. Passe por uma peneira antes de acrescentar à mistura.

RECEITA | NA VÉSPERA

Brownie de chocolate e café

Um escândalo de bom! Além de delicioso, o brownie é superprático, porque continua igualmente delicioso no dia seguinte — faça na véspera e controle-se!

SERVE **12 PORÇÕES** │ PREPARO **25 MINUTOS + 15 MINUTOS NO FORNO**

200 G DE CHOCOLATE AMARGO PICADO (50% A 60% DE CACAU)

175 G DE MANTEIGA EM CUBOS

3 OVOS

⅔ DE XÍCARA (CHÁ) DE AÇÚCAR MASCAVO

⅓ DE XÍCARA (CHÁ) DE AÇÚCAR

⅔ DE XÍCARA (CHÁ) DE FARINHA DE TRIGO

2 COLHERES (SOPA) DE CAFÉ SOLÚVEL

UMA PITADA DE SAL

⅔ DE XÍCARA (CHÁ) DE NOZES PICADAS GROSSEIRAMENTE

MANTEIGA PARA UNTAR A ASSADEIRA

FARINHA DE TRIGO PARA POLVILHAR A ASSADEIRA

1. Preaqueça o forno a 180 °C (temperatura média). Unte com manteiga uma assadeira de 28 cm × 18 cm, polvilhe com farinha, chacoalhe e bata sobre a pia para retirar o excesso.

2. Numa tigela de vidro refratário junte o chocolate, a manteiga, o café solúvel, e leve para derreter em banho-maria: encaixe a tigela numa panela com água fervente em fogo baixo — a água não deve encostar no fundo da tigela, já que a temperatura do vapor é suficiente para derreter o chocolate. Mexa com uma espátula até o chocolate e a manteiga derreterem completamente. Retire a tigela do banho-maria e deixe amornar enquanto separa os outros ingredientes.

3. Numa tigela pequena, quebre um ovo de cada vez e transfira para outra tigela maior — se um estiver ruim, não estraga a receita. Bata com um garfo, apenas para misturar as claras com as gemas. Junte os açúcares, o sal e misture bem. Acrescente aos poucos o chocolate derretido, mexendo bem com a espátula. Junte a farinha aos poucos, misturando a cada adição. Por último, misture metade das nozes picadas.

4. Transfira a massa do brownie para a assadeira e nivele a superfície com a espátula. Espalhe o restante das nozes e leve ao forno para assar por cerca de 20 minutos. Atenção para o ponto: o brownie deve criar uma casquinha na superfície, mas o miolo ainda deve estar cremoso.

5. Retire do forno e deixe o brownie esfriar completamente antes de desenformar. Para cortar, o ideal é deixar na geladeira por no mínimo 1 hora. Sirva frio com a calda de caramelo em temperatura ambiente, frutas frescas e creme batido, ou reaquecido com sorvete.

PARA A CALDA DE CARAMELO

1 XÍCARA (CHÁ) DE AÇÚCAR

1 XÍCARA (CHÁ) DE LEITE

1 COLHER (SOPA) DE MANTEIGA

1. Numa panelinha, aqueça o leite em fogo baixo. Coloque o açúcar numa frigideira e leve ao fogo baixo para derreter, mexendo com uma espátula, até formar um caramelo dourado.

2. Desligue o fogo e misture a manteiga até derreter. Acrescente o leite quente em fio, mexendo para formar uma calda lisa. Cuidado: o leite vai borbulhar no começo. Se endurecer, volte a frigideira ao fogo baixo e mexa até dissolver.

3. Transfira a calda para uma molheira e sirva com o brownie. Ela dura até 15 dias na geladeira, armazenada em um recipiente com fechamento hermético — basta reaquecer no micro-ondas.

RECEITA | DE ÚLTIMA HORA

Cocada de forno

A mais prática das sobremesas é também incrivelmente deliciosa. Você só precisa misturar tudo e levar ao forno. A única exigência é que o coco seja fresco. Pode até ser o fresco congelado. Só não vale o coco ralado seco. Ela sai do forno crocante por fora e ultracremosa por dentro. Imperdível.

SERVE **6 PESSOAS** | PREPARO **15 MINUTOS + 40 MINUTOS NO FORNO**

2½ XÍCARAS (CHÁ) DE COCO FRESCO RALADO (CERCA DE 200 G)
3 OVOS
2 XÍCARAS (CHÁ) DE AÇÚCAR
1 COLHER (SOPA) DE MANTEIGA DERRETIDA

1. Preaqueça o forno a 180 °C (temperatura média). Unte com manteiga um refratário pequeno, que comporte 500 ml.

2. Numa tigela pequena, quebre um ovo de cada vez e transfira para o liquidificador — se um estiver ruim, não estraga a receita. Junte ½ xícara (chá) do coco ralado, o açúcar, a manteiga e bata apenas até ficar cremoso.

3. Coloque o creme de ovos batido numa tigela, acrescente o restante do coco ralado e misture com uma espátula para incorporar. Transfira a massa da cocada para o refratário e leve ao forno para assar por cerca de 40 minutos, ou até ficar dourada — a cocada deve ficar com uma casquinha crocante, mas ainda cremosa no centro.

4. Retire do forno e deixe esfriar em temperatura ambiente antes de servir. Se gostar, sirva gelada.

Dica: Se preferir, use o coco ralado na versão congelada. Para descongelar, mergulhe a embalagem em água quente por alguns minutos ou descongele a porção da receita no micro-ondas.

PARA RECEBER EM CASA **159**

Índice de receitas

A
ABACAXI NA FRIGIDEIRA COM IOGURTE E MEL | **69**

AMENDOIM COM CURRY E BANANA-PASSA | **136-137**

ARROZ BRANCO SOLTINHO | **80-81**

ARROZ COM CENOURA | **105**

ARROZ COM CURRY | **111**

ARROZ COM QUEIJO DE COALHO GRELHADO | **93**

ARROZ NA PANELA ELÉTRICA | **81**

ARROZ-CATETO INTEGRAL | **99**

AVELÃ COM PIMENTA SÍRIA | **137**

B
BANANA FOSTER COM SORVETE | **69**

BISCOITINHO DE PARMESÃO | **126-127**

BOLO DE IOGURTE CÍTRICO | **125**

BOLO DE IOGURTE COM CHOCOLATE | **125**

BOLO DE IOGURTE COM CREME BATIDO | **123-124**

BOLO DE IOGURTE COM ESPECIARIAS | **125**

BOLO DE IOGURTE COM FUBÁ | **125**

BRÓCOLIS ASSADOS COM FEIJÃO-BRANCO E
RASPAS DE LIMÃO | **59**

BROWNIE DE CHOCOLATE E CAFÉ | **156-157**

C
CAFÉ COADO | **128**

CAFÉ DE PRENSA | **128**

CALDA DE TAHINE COM MEL E CANELA | **112**

CARNE LOUCA DESFIADA | **140-141**

CASTANHA-DE-CAJU COM COMINHO E LIMÃO | **137**

CENOURA ASSADA COM MOLHO PESTO | **59**

CHÁ GELADO DE HIBISCO COM CIDREIRA | **129**

CHÁ QUENTE (MATE) COM HORTELÃ E
RODELA DE LIMÃO | **129**

COCADA DE FORNO | **158**

CROCANTE DE AVEIA, NIBS E COCO | **112**

CROÛTON | **33**

CRUDITÉS | **145**

CRUMBLE DE MAÇÃ | **69**

CUSCUZ MARROQUINO | **51**

E
ENSOPADO RÁPIDO DE FRANGO | **49-50**

F
FAROFA DE CEBOLA | **51**

FEIJÃO-BRANCO COM MOLHO DE TOMATE | **105**

FEIJÃO CASEIRO | **84-85**

FEIJÃO COM BETERRABA | **111**

FEIJÃO-PRETO COM TOMATE E FOLHAS DE COENTRO | **93**

FILÉ DE PEITO DE FRANGO GRELHADO | **45**

G
GELEIA DE MARACUJÁ COM PIMENTA | **146-147**

GIM FIZZ COM HORTELÃ | **135**

L
LENTILHA | **99**

M
MEDALHÃO DE FILÉ-MIGNON GRELHADO | **45**

MIMOSA | **145**

MOLHO DE TOMATE COM BACON +
PIMENTA-CALABRESA | **66**

MOLHO DE TOMATE COM FILÉ DE ANCHOVA +
ALCAPARRA + AZEITONA | **66**

MOLHO PESTO | **66-67**

O
OMELETE DE ESPINAFRE COM SALADA DE VERDES | **56-58**

OMELETE DE CEBOLA COM BACON | **58**

OMELETE DE PIMENTÃO COM ORÉGANO | **58**

OMELETE DE QUEIJO MINAS COM ERVILHA | **58**

P
PÊ-EFE DE CARNE MOÍDA COM MANDIOCA ASSADA | **90-92**

PÊ-EFE DE COXA E SOBRECOXA ASSADAS
COM LARANJA | **109-110**

PÊ-EFE DE ESCALOPINHO DE LOMBO COM BACON E SÁLVIA
E COUVE-FLOR GRELHADA | **103-105**

PÊ-EFE DE ROSETA DE PEIXE COM FAROFA
DE QUIABO | **97-98**

PENNE COM MOLHO RÁPIDO DE TOMATE | **64-65**

POLENTA RÁPIDA | **51**

PONCHE REFRESCANTE COM ABACAXI | **134**

PRALINÊ COM SEMENTES | **112-113**

PUDIM DE COCO | **155**

PUDIM DE ESPECIARIAS | **155**

PUDIM DE LARANJA | **155**

PUDIM DE LEITE | **154-155**

Q

QUEIJINHO DE IOGURTE | **138-139**

R

RABANADA SALGADA | **150-151**

REFOGADO COM COGUMELOS | **67**

RISOTO CAPRESE | **44**

RISOTO DE DAMASCO, QUEIJO MEIA CURA E LIMÃO | **44**

RISOTO DE GORGONZOLA E PERA | **44**

RISOTO DE QUEIJO NA PANELA DE PRESSÃO | **42-43**

RISOTO DE RICOTA, HORTELÃ E NOZES | **44**

S

SALADA DE DUAS FRUTAS | **145**

SALADA GREGA | **148-149**

SALMÃO GRELHADO | **45**

T

TALHARIM COM ESCAROLA REFOGADA | **66**

TOMATE RECHEADO COM FAROFA DE ALICHE | **59**

PRODUÇÃO DE OBJETOS

Além dos itens do meu acervo de produção, e das louças do Acervo Panelinha, para as fotos deste livro também foram usados objetos emprestados pelas seguintes lojas e marcas:

Bento Store, Blue Gardenia, Camicado, Casa 8, Cerâmicas da Cris, Collector 55, Copa&Cia, Coqueluche, Deca, Diego Rolim, Divino Espaço, Entorno Cerâmica, Heloisa Galvão, Iaiá Estudio, Jessica Funaro, Lab Chama, Le Creuset, Le Lis Casa, Linho 1, Mekal, Muriqui Cerâmica, Pepper Mill, Porto Brasil, Rei da Cutelaria, Roberto Simões Casa, Sinhá Flor Jardim, Sonia Pierry, Stella Ferraz, Sun House, Tânia Bulhões, Tok&Stok, Westwing.

Índice remissivo

A ·····································

ABACAXI, **36, 68-69, 113, 132-134**

    NA FRIGIDEIRA COM IOGURTE E MEL, **69**

ALICHE, **60**

    TOMATE RECHEADO COM FAROFA DE, **52, 59**

    NO RECHEIO DOS BISCOITINHOS DE PARMESÃO, **127**

    VER TAMBÉM ANCHOVA

ALIMENTOS, CLASSIFICAÇÃO POR GRAU

    DE PROCESSAMENTO, **16-17**

AMENDOIM, **112-113, 130**

    COM CURRY E BANANA-PASSA, **136**

ANCHOVA, **59**

    MOLHO DE TOMATE COM ALCAPARRA + AZEITONA +

    FILÉ DE, **66**; *VER TAMBÉM* ALICHE

ARROZ

    BRANCO SOLTINHO, **72, 78-81**; -CATETO INTEGRAL, **94, 99**

    COM FEIJÃO, **6, 15, 18, 71-75, 86, 92-94, 99, 100, 105-106, 111**

    COM CENOURA, **100, 105**; COM CURRY, **73, 106, 111**

    COM QUEIJO DE COALHO GRELHADO, **86, 92-93**

    LAVAR OU NÃO, **78**; MEDIDA, **78**

    NA PANELA ELÉTRICA, **81**, 7 GRÃOS, **33**; SOBRAS, **79**

ASSADOS PRÁTICOS, **59**

ATUM, **24**

AVELÃS, **130**

    COM PIMENTA SÍRIA, **137**

AZEITONAS PRETAS, **59, 66, 142, 149**

B ·····································

BERINGER, GUY, **142**

BERINJELA, **33, 77**; ASSADA COM COMINHO E LIMÃO

    MISTURADA COM O QUEIJINHO DE IOGURTE, **139**

BIFUM, **24**

BISCOITINHOS DE PARMESÃO, **119-120, 122, 126-127**

    VER TAMBÉM PETISCOS

BOLO DE IOGURTE COM CREME BATIDO, **123**

    VARIAÇÕES, **125**

BRANQUEAMENTO, **104**

BRÓCOLIS ASSADOS COM FEIJÃO-BRANCO E

    RASPAS DE LIMÃO, **52, 55, 59**

BROWNIE DE CHOCOLATE E CAFÉ, **156-157**

    VER TAMBÉM SOBREMESAS

BRUNCH, **115-116, 142-159**

C ·····································

CAFÉ DA TARDE, **120-129**

CARDÁPIO SEMANAL, **20-21, 32**

CARNE, **16, 17, 20, 23, 32, 36, 38, 41, 45, 70-72, 74-77, 117**

    ARMAZENAMENTO, **27**; QUANTIDADE, **118**

    DE PORCO, **72, 100**; *VER TAMBÉM* ESCALOPINHO DE

    LOMBO DE PORCO; LOUCA DESFIADA, **130, 132, 140-141**

    MOÍDA, **24, 72, 86-87, 89, 91-92, 117**

CASTANHAS PERFUMADAS, **136-137**

CEBOLA, **25, 33, 106, 109-110, 149**

    FAROFA DE, **51**; OMELETE DE, **58**

CENOURA, **25, 27, 33, 38, 43-44, 52, 99**

    ARROZ COM, **100, 105**; ASSADA COM MOLHO PESTO, **59**

    CRUDITÉS, **145**

CEREAIS, **74, 77, 86**

CHAIRA, **28**

COCADA DE FORNO, **158**

    VER TAMBÉM SOBREMESAS

COGUMELOS, **17, 60**

    REFOGADO COM, **67**

COMINHO, **23, 46, 50, 99, 110, 137**

COMPRAS, LISTAS DE, **7, 11, 12, 18, 20, 24, 75, 118, 122, 132, 144**

COUVE-FLOR, **44, 100**

    GRELHADA, **102-105**; SOPA DE, **104**

CROÛTON, **33**

CRUDITÉS, **38, 139, 142, 144-145**

CÚRCUMA, **23, 25, 46**

CURRY, **23, 25, 73, 106, 111, 136**

CUSCUZ MARROQUINO, **24, 33, 46, 50-51, 117**

D ....

DIVISÃO DE TAREFAS, **6, 7, 11, 12, 36, 68, 72**

DRINQUES, **115, 130, 132-135**

E ....

ENDÍVIA, **145**

ENSOPADO, **24**

    DE FRANGO, **46, 48-50**

ERVAS, **17, 21, 23, 25, 43, 58, 98**

    TRUQUES PARA AUMENTAR A DURABILIDADE, **26**

ERVILHA, **17, 24, 58, 77**

ESCALOPINHO DE LOMBO DE PORCO, **104**

ESPECIARIAS, **17, 21, 23, 25, 33, 46, 58, 112, 125, 155**

ESPINAFRE, **24, 52-57**

ESPUMANTE, **142, 144-145**

    VER TAMBÉM DRINQUES

F ....

FACAS, **28**

FARINHA

    DE MANDIOCA FLOCADA, **51**; DE MILHO, **94, 98**

FAROFA, **33, 48, 73**

    DE ALICHE, **52, 59** DE CEBOLA, **46, 51**

    DE QUIABO, **94, 96-98**

FEIJÃO, **14, 18, 20-21, 23, 27, 29, 33, 40, 73, 82, 86**

    -BRANCO, **52, 55, 59, 77, 100, 105**; ENLATADO, **24**

    -CARIOCA, **85, 111**; CASEIRO, **84**

    COM ARROZ, **6, 15, 71-75, 77-78, 86, 92-94, 99-100, 105**

    COM BETERRABA, **106, 111**

    CONGELAMENTO E DESCONGELAMENTO, **83**

    COZIMENTO, **83**; DEMOLHO *EXPRESS*, **82**

    MEDIDA, **83**; MOLHO E REMOLHO, **82**; -PRETO, **73, 92**

FOUET, **29**

FRANGO, **23-24, 32-33, 38, 41, 43, 45-46, 48-51, 72, 106, 108,**
110-111, 117; CONSERVAÇÃO, **27**;

    COM MACARRÃO DE ARROZ, **33**

    COXA E SOBRECOXAS ASSADAS, **106, 108**

    GRELHADO, COM RISOTOS, **41, 43, 45**

    ENSOPADO RÁPIDO, **46, 48-50**; SOBRAS, **111**

FRIGIDEIRA ANTIADERENTE, **28, 54, 57-58**

FRUTAS, **17, 19, 22-23, 26-27, 74-75, 77, 123, 125**

    SOBREMESAS, **36, 68, 69, 72, 86, 112-113, 142, 144-145, 157**;

    CONSERVAÇÃO, **27**

FRUTOS DO MAR

    TEMPO DE VALIDADE NO CONGELADOR, **27**

G ....

GELADEIRA, ORGANIZAÇÃO DA, **27**

GELEIA

    DE FRUTAS, **142**; DE MARACUJÁ COM PIMENTA, **144-147**

GIM FIZZ COM HORTELÃ, **130, 135**

    VER TAMBÉM DRINQUES

GRÃO-DE-BICO, **33, 46, 48-51, 73, 77**

    ENLATADO, **24**; SALADA DE, **111**

GRELHADOS, **3, 38, 45, 93**

    COM CUSCUZ MARROQUINO, **24**; COM RISOTO, **38, 44**

    FRANGO, **45**; LEGUMES, **33, 44**

    MEDALHÃO DE FILÉ-MIGNON, **45**; QUEIJO DE

    COALHO, **86, 93**; SALMÃO, **45**; SEGREDO DO, **45**

GRUPOS ALIMENTARES, **72, 74, 76**

GUIA ALIMENTAR PARA A POPULAÇÃO BRASILEIRA

    (MINISTÉRIO DA SAÚDE), **7, 14, 19, 74**

H ....

HAPPY HOUR, **130-140**

HIPERSABOR, **18**

HORTALIÇAS, **21, 72, 74-77, 86, 94**

    VER TAMBÉM LEGUMES E VERDURAS

I ....

IOGURTE, **17, 23-24, 38, 77, 120, 130, 142**

    ABACAXI COM MEL E, **69**; BOLO DE, **112, 120, 123-125**

    QUEIJINHO DE, **138-139, 142, 144-145**

L ....

LARANJA, **22, 142**

    COXA E SOBRECOXA ASSADAS COM, **106-110**

    ESPUMANTE COM SUCO DE, **145**

    PONCHE COM ABACAXI, GENGIBRE E, **130, 132, 134-135**

    PUDIM DE, **155**

ÍNDICES **163**

LEGUMES, **6**, **15**, **20-27**, **29**, **32-33**, **38**, **62**, **71-72**, **74**, **77**, **104**, **139**, **144-145**; AROMÁTICOS, **25**, **38**; CROCÂNCIA, **88**; DICAS PARA EVITAR O DESPERDÍCIO, **27** GRELHADOS, **44**

LENTILHA, **17**, **24**, **33**, **73**, **75**, **77**, **94**, **99**
VER TAMBÉM HORTALIÇAS E VERDURAS

LIMÃO, **25**, **44**, **48**, **50**, **58**, **111**, **113**, **120**, **130**, **135**, **137**, **142**
CALDA DE MEL E, **145**; -SICILIANO, **59**, **66**

M

MACARRÃO, **24**, **32**, **60-66**, **77**
DE ARROZ (BIFUM), **24**, **33**; INSTANTÂNEO, **7**, **10**, **17**, **21**, **74** PENNE COM MOLHO RÁPIDO DE TOMATE E MANJERICÃO, **60**, **64-65**; TALHARIM COM ESCAROLA REFOGADA, **66**

MAMÃO, **142**, **145**

MANDIOCA, **77**, **88**
FARINHA DE, **17**, **48**, **51**, **75**
PALITOS ASSADOS DE, **86**, **88-89**
PÊ-EFE DE CARNE MOÍDA COM, **91-92**, **117**

MANDOLIM, **29**

MANGA, **142**, **145**

MARACUJÁ, **142**, **147**

MARMITA, **7**, **32-33**, **36**, **38**, **50**, **59**, **72**, **92**, **99**, **111**

MEDIDORES, **29**, **135**

MEL, **69**, **112**
E LIMÃO, CALDA, **145**
MOLHO PARA SALADA, **111**
TAHINE E CANELA, CALDA, **112**

MILHO, **24**, **77**, **96-97**

MIREPOIX, **43**

MOLHO, **24**, **32**, **75**
DE TOMATE, **63-64**, **100**, **105**
DE TOMATE COM BACON + PIMENTA-CALABRESA, **66**
DE TOMATE COM FILÉ DE ANCHOVA + ALCAPARRA + AZEITONA, **66**; DE SALADA, **58**, **111**
PESTO, **33**, **52**, **55**, **59**, **66-67**

MONTEIRO, CARLOS AUGUSTO, **7**, **167**

N

NOZ-MOSCADA, **23**, **25**

NÚCLEO DE PESQUISAS EPIDEMIOLÓGICAS EM NUTRIÇÃO E SAÚDE – NUPENS, **7**

O

OBESIDADE, **7**, **16**, **19**

OMELETE
DE CEBOLA COM BACON, **58**; DE ESPINAFRE, **52**, **56**
DE PIMENTÃO COM ORÉGANO, **58**
DE QUEIJO MINAS COM ERVILHA, **58**

OVO, **24**, **54**, **72**, **77**, **157**, **158**

P

PANELA DE PRESSÃO, **28**, **36**, **72**, **82-83**, **85**, **91**, **93-94**
RISOTO NA, **41-44**

PÁPRICA, **23**, **33**, **127**, **136**

PÊ-EFE, **15**, **71-73**, **77**, **86**, **94**, **100**, **106**
CARNE MOÍDA COM MANDIOCA ASSADA, **89-91**
COXA E SOBRECOXA ASSADAS COM LARANJA, **108-109**
ESCALOPINHO DE LOMBO COM BACON E SÁLVIA E COUVE-FLOR GRELHADA, **102-103**
ROSETA DE PEIXE COM FAROFA DE QUIABO, **96-98**

PEIXE, **17**, **26-27**, **33**, **45**, **72**, **94**
COM FAROFA DE QUIABO, **96-98**
TEMPO DE VALIDADE NO CONGELADOR, **27**

PENEIRA, **29**, **55**, **57**, **59**, **139**, **149**

PENNE COM MOLHO RÁPIDO DE TOMATE E MANJERICÃO, **60**, **63-64**

PEPINO, **38**, **59**, **142**, **145**
CRUDITÉS, **145**; E HORTELÃ MISTURADOS COM O QUEIJINHO DE IOGURTE, **139**; NA SALADA GREGA, **148-149**

PETISCOS, **115**, **119**, **130**, **132**
AMENDOIM COM CURRY E BANANA-PASSA, **136**
AVELÃ COM PIMENTA SÍRIA, **137**
BERINJELA ASSADA COM COMINHO E LIMÃO MISTURADA COM O QUEIJINHO DE IOGURTE, **139**
BISCOITINHO DE PARMESÃO, **126-127**
CARNE LOUCA DESFIADA, **140-141**

CASTANHA-DE-CAJU COM COMINHO E LIMÃO, **137**

CRUDITÉS, **145**; PEPINO E HORTELÃ MISTURADOS AO QUEIJINHO DE IOGURTE, **139**

QUEIJINHO DE IOGURTE, **138-139**

RABANADA SALGADA, **150-151**; TORRADAS, **136**

PIMENTA-DE-CAIENA, **46**, **50**

PIMENTA DEDO-DE-MOÇA, **142**

PIMENTÃO, **33-34**, **44**, **75**, **86**, **145**

CRUDITÉS, **145**; OMELETE DE, **58**

POLENTA, **46**, **48**, **51**, **77**

PONCHE REFRESCANTE COM ABACAXI, **134**

VER TAMBÉM DRINQUES

PRATO FEITO, **15**, **71-73**

VER TAMBÉM PÊ-EFE

PUDIM

DE COCO, **155**; DE ESPECIARIAS, **155**; DE LARANJA, **155**

PUDIM DE LEITE, **154**

VER TAMBÉM SOBREMESAS

Q

QUANTIDADES, CÁLCULO DE, **117-118**

QUEIJO, **17**

DE COALHO, **77**, **86**, **92-93**; DE IOGURTE, **24**, **138-139**, **142**, **145**; GORGONZOLA, **44**; MEIA CURA, **44**

MINAS, **58**, **142**, **149**; MUÇARELA, **142**, **151**

PARMESÃO, **56-57**, **127-128**, **151**

RICOTA, **44**; RISOTO DE, **38**, **42-44**

R

RABANADA SALGADA, **142**, **144**, **150-151**

RABANETE, **27**, **145**

RAÍZES, **77**, **86**

REFOGADO, **27**, **43**, **73**, **78**, **81**

COM COGUMELOS, **67**

RISOTO

CAPRESE, **44**; COM LEGUMES GRELHADOS, **44**

DAMASCO, QUEIJO MEIA CURA E LIMÃO, **44**

DE QUEIJO, **38**, **42-44**; GORGONZOLA E PERA, **44**

RICOTA, HORTELÃ E NOZES, **44**

S

SALADA

COM CUSCUZ MARROQUINO, **50**

DE DUAS FRUTAS, **132**, **144-145**;

DE VERDES, **86**, **94**, **100**, **106**

FEIJÕES PARA, **77**; GREGA, **132**, **144** **148-149**

MOLHO DE, **58**; NO POTE, **32**, **111**

SALSÃO, **25**, **27**, **38**, **99**, **145**

SARDINHA, **17**, **24**

SOBRAS, **21**, **32**

SOBREMESAS, **36**, **72**, **75**, **77**, **86**, **142**, **144-145**, **157**

CLÁSSICAS, **153-154**;

RÁPIDAS, **68-69**, **112-113**

SOPA

DE LENTILHA, **99**; DE COUVE-FLOR, **104**

T

TÁBUAS, **28**

TOMATE, **13**, **38**, **55**, **64**, **73**, **86**, **93**, **105**, **149**

MOLHO RÁPIDO, **60**, **66**;

NO RISOTO, **44**

PELADO EM LATA, **24**, **36**, **46**, **49-50**

RECHEADO COM FAROFA DE ALICHE, **52**, **55**, **59**

VERDE, **145**

TORRADINHAS, **136**

VER TAMBÉM PETISCOS

TUBÉRCULOS, **16**, **74-77**, **86**

U

UTENSÍLIOS BÁSICOS, **28-29**

V

VEGETAIS

BRANQUEADOS CONGELADOS, **33**

CONGELADOS, **24**

TEMPO DE VALIDADE NO CONGELADOR, **27**

VERDURAS, **15**, **27**, **62**, **72**, **74-75**, **77**

VER TAMBÉM HORTALIÇAS E LEGUMES

Z

ZÁTAR, **23**, **33**, **136**, **139**

Sobre a autora

Para **RITA LOBO**, cozinhar é como ler e escrever: todo mundo deveria saber. E como ela se esforça para que todo mundo saiba! Rita é criadora e diretora geral do Panelinha e tem atuação destacada como defensora da alimentação saudável e da comida de verdade.

Autora *best-seller*, Rita já publicou oito livros, entre eles *Panelinha: Receitas que Funcionam, Cozinha de Estar, Pitadas da Rita, O Que Tem na Geladeira?* e *Cozinha Prática*.

Na TV, ela criou, apresenta e produz o *Cozinha Prática*, um dos programas de maior sucesso do canal a cabo GNT.

No canal Panelinha no YouTube, Rita conduz, entre outras séries, o programa tira-dúvidas *Rita, Help!*.

Em 2017, em parceria com o Senac, lançou o projeto 'Já pra Cozinha', de que este livro faz parte.

Sobre o Panelinha

Criado e dirigido por Rita Lobo, o Panelinha foi lançado como site de receitas no ano 2000 e hoje é também editora de livros, produtora de TV e canal no YouTube. Em todas as mídias, a missão é a mesma: levar as pessoas para a cozinha.

Desde 2016, o Panelinha mantém um convênio com o NUPENS (Núcleo de Pesquisas Epidemiológicas em Nutrição e Saúde, da Faculdade de Saúde Pública da Universidade de São Paulo), grupo que coordenou a produção do *Guia Alimentar para a População Brasileira*, documento do Ministério da Saúde. E ainda tem uma parceria com a Sociedade Brasileira de Cardiologia.

Em 2018, ampliando sua atuação, a empresa lançou o Acervo Panelinha, marca de produtos de mesa e cozinha.

Consultoria nutricional

Dr. Carlos Augusto Monteiro, médico sanitarista, professor titular do Departamento de Nutrição da Faculdade de Saúde Pública da Universidade de São Paulo (USP), coordenador científico do Núcleo de Pesquisas Epidemiológicas em Nutrição e Saúde (NUPENS/USP), membro do Comitê de Especialistas da Organização Mundial da Saúde sobre Dieta e Saúde e responsável técnico pela elaboração do *Guia Alimentar para a População Brasileira* (Ministério da Saúde).

Dra. Patrícia Constante Jaime, nutricionista, professora associada do Departamento de Nutrição da Faculdade de Saúde Pública da USP, vice-coordenadora do NUPENS/USP, mestre e doutora em Saúde Pública e pós-doutora em Epidemiologia Nutricional pela USP e em Políticas Públicas de Alimentação e Nutrição pela London School of Hygiene and Tropical Medicine, no Reino Unido. Foi coordenadora técnica geral do *Guia Alimentar para a População Brasileira*.

Dra. Carla Adriano Martins, nutricionista e técnica em Cozinha. Mestre em Nutrição, com ênfase em Nutrição em Produção de Refeições, pela Universidade Federal de Santa Catarina, e doutora em Ciências, com ênfase em Nutrição em Saúde Pública, pela Faculdade de Saúde Pública da USP. Pesquisadora e pós-doutoranda do NUPENS/USP, com foco na área de culinária para promoção da alimentação adequada e saudável e na análise do impacto dos padrões de práticas culinárias no consumo alimentar.

Isabela Sattamini, nutricionista e mestre em Ciências, doutoranda e pesquisadora do NUPENS/USP na área de diversidade alimentar e ultraprocessados como dimensões da qualidade da alimentação. Atua também como pesquisadora de desenvolvimento institucional no Instituto Nacional do Câncer na área técnica de alimentação, nutrição, atividade física e câncer.

Kamila Tiemann Gabe, nutricionista pela Universidade Federal de Ciências da Saúde de Porto Alegre, mestre em Nutrição em Saúde Pública pela Faculdade de Saúde Pública da USP e integrante do NUPENS/USP, com estudo voltado para a implementação do *Guia Alimentar para a População Brasileira*. Tem experiência nas áreas de alimentação, nutrição e saúde coletiva e educação alimentar e nutricional.

Maria Alvim, nutricionista e mestre em Saúde Coletiva pela Universidade Federal de Juiz de Fora. Pesquisadora do NUPENS/USP e doutoranda em Medicina Preventiva pela Faculdade de Medicina da USP, com foco na avaliação do ambiente alimentar em São Paulo e suas possíveis influências no consumo de alimentos ultraprocessados. Colaborou entre 2014 e 2016 com o jornal da World Public Health Nutrition Association (WPHNA).

Copyright © by Rita Lobo, 2018

Grafia atualizada segundo o Acordo Ortográfico da Língua Portuguesa de 1990, que entrou em vigor no Brasil em 2009.

EDITORA PANELINHA

PUBLISHER
Rita Lobo

DIRETOR
Ilan Kow

COORDENAÇÃO EDITORIAL
Victoria Bessell de Jorge

PROJETO GRÁFICO E DIAGRAMAÇÃO
Estúdio Claraboia

CONSULTORIA NUTRICIONAL (NUPENS)
Dr. Carlos Augusto Monteiro
Dra. Patrícia Constante Jaime
Dra. Carla Adriano Marins
Isabela Sattamini
Kamila Tiemann Gabe
Maria Alvim

EDIÇÃO DE TEXTO
Ana Lima Cecílio

REDAÇÃO
Patricia Oyama

PREPARAÇÃO DE TEXTO
Carlos A. Inada

REVISÃO
Isabel Jorge Cury
Carla Fortino

ÍNDICE REMISSIVO
Maria Claudia Carvalho Mattos

CHEF DE COZINHA
Carolina Stamillo

CULINARISTAS
Gabriela Funatsu
Stephanie Mantovani
Larissa Tortola

FOODSTYLING
Priscila Mendes

PRODUÇÃO DE ARTE
Amanda Fiorentino

FOTO DE CAPA
Guillermo White

FOTOS
Gilberto Oliveira Jr.
Guillermo White

TRATAMENTO DE IMAGEM
Gilberto Oliveira Jr.

EQUIPE ONLINE
Heloisa Lupinacci (editora)
Natália Mazzoni (editora-assistente de texto)
Laura Parreira Conte (editora-assistente
de culinária)

ASSISTENTES ADMINISTRATIVAS
Luana Cafarro Sutto
Elaine Ferreira de Almeida

AUXILIARES DE LIMPEZA
Márcia de Castro Silva
Eliziene de Oliveira Lima

Todos os direitos reservados à EDITORA PANELINHA
Al. Lorena, 1304 cj. 1307 CEP 01424-000
São Paulo – SP
Tel. + 55 11 3062-7358
www.panelinha.com.br
panelinha@panelinha.com.br

ADMINISTRAÇÃO REGIONAL DO SENAC NO ESTADO DE SÃO PAULO

PRESIDENTE DO CONSELHO REGIONAL
Abram Szajman

DIRETOR DO DEPARTAMENTO REGIONAL
Luiz Francisco de A. Salgado

SUPERINTENDENTE UNIVERSITÁRIO E DE
DESENVOLVIMENTO
Luiz Carlos Dourado

EDITORA SENAC SÃO PAULO

CONSELHO EDITORIAL
Luiz Francisco de A. Salgado
Luiz Carlos Dourado
Darcio Sayad Maia
Lucila Mara Sbrana Sciotti
Luís Américo Tousi Botelho

GERENTE | PUBLISHER
Luís Américo Tousi Botelho

COORDENAÇÃO EDITORIAL
Verônica Pirani de Oliveira

PROSPECÇÃO
Dolores Crisci Manzano

ADMINISTRATIVO
Verônica Pirani de Oliveira

COMERCIAL
Aldair Novais Pereira

IMPRESSÃO E ACABAMENTO
Maistype

Proibida a reprodução sem autorização expressa
Todos os direitos desta edição licenciados à
EDITORA SENAC SÃO PAULO
Av. Engenheiro Eusébio Stevaux, 823
Prédio Editora – Jurubatuba
CEP 04696-000 – São Paulo – SP
Tel. (11) 2187-4450
editora@sp.senac.br
https://www.editorasenacsp.com.br

RITA LOBO

Comida de Bebê
Com o apoio de médicos e nutricionistas, Rita Lobo traz as respostas para as dúvidas mais comuns da fase de introdução alimentar e ainda ajuda a família a comer com mais saúde, mais sabor e muito mais prazer. Venha descobrir como o pê-efe vai virar o pê-efinho do bebê.

Cozinha a Quatro Mãos
Rita Lobo apresenta receitas para jantares rápidos, pê-efes, marmitas, brunch, happy hour. Todos os cardápios vêm com plano de ataque – um guia com instruções detalhadas para preparar refeições saudáveis a quatro mãos, em menos tempo e sem pesar para ninguém.

ACOMPANHE O TRABALHO DA RITA E DO PANELINHA:

SITE www.panelinha.com.br
INSTAGRAM @ritalobo | @editorapanelinha | @cozinhapanelinha | @acervopanelinha
FACEBOOK páginas Rita Lobo e Panelinha
YOUTUBE Panelinha (www.youtube.com/sitepanelinha)
TWITTER @ritalobo | @panelinha